지구의 온도가 1℃ 오르면 어떻게 되나요

지구의 온도가 1℃ 오르면 어떻게 되나요
: 세계시민으로 자라는 청소년 기후 교실

초판 1쇄 발행 2023년 6월 26일
초판 2쇄 발행 2024년 10월 24일

지은이 이두현, 김선아, 권미혜, 조정은, 전혜인, 송윤경, 한정원, 강유재

펴낸이 김선기
펴낸곳 (주)푸른길
출판등록 1996년 4월 12일 제16-1292호
주소 (08377) 서울시 구로구 디지털로 33길 48 대륭포스트타워 7차 1008호
전화 02-523-2907, 6942-9570~2
팩스 02-523-2951
이메일 purungilbook@naver.com
홈페이지 www.purungil.co.kr

ISBN 978-89-6291-022-3 03300

지구의 온도가
1℃ 오르면
어떻게
되나요

푸른길

여러분, 2022년 8월 초 수도권을 물에 잠기게 했던 엄청난 폭우를 기억하나요? 당시 서울의 시간당 강수량은 141.5mm였다고 합니다. 1907년 기상관측을 시작한 이래로 115년 만에 가장 많은 비가 쏟아졌습니다. 앞이 안 보일 정도로 비가 많이 내려 자동차들이 침수되고, 심지어 사망자까지 생겼던 끔찍한 폭우였습니다. 특히 반지하 주택에서 살고 있는 사람들에게는 지옥 같은 시간이었습니다. 폭우로 인해 물에 잠긴 반지하 주택에서 일가족 세 명이 물에 잠겨 사망했습니다.

우리나라뿐만 아니라 세계 곳곳에서 이상기후 현상들이 일어나고 있습니다. 이탈리아 북부에 있는 돌로미티산맥의 최고봉인 마르몰라다에서 큰 빙하 덩어리가 굴러떨어지면서 등산객 아홉 명이 사망했습니다. 스키와 등산으로 유명한 마르몰라다산은 한여름에도 눈으로 덮여 있었지만 최근 몇 년간 빙하가 빠르게 녹아내렸습니다. 올해 이탈리아를 비롯한 서유럽 곳곳에서 한 달간 긴 폭염이 이어졌는데 그로 인해 일어난 비극으로 생각됩니다.

왜 갑자기 날씨가 엄청나게 더워지고 비정상적으로 비가 많이 내리는 걸까요? 지난 수 세기 동안 인류는 무분별한 개발을 하며 자연을 훼손했고 산업 활동으로 엄청난 양의 온실가스를 배출했습니다. 그 결과 지구의 온도는 매년 상승하고 있고 북극의 얼음은 녹아내리고 있으며 폭염과 폭우 같은 이상기후 현상들이 나타납니다. 지구를 위해 인류가 변화하지 않으면 이러한 이상기후 현상이 일상적인 현상으로 자리할 것입니다. 기후 위기는 환경 문제와 뗄 수 없는 문제입니다. 환경 문제가 심각해질수록 '기후 변화'라는 단어는 '기후 위기', 더 나아가 '기후 재앙'으로 바뀌고 있습니다.

여러분은 '임계점'이라는 단어를 알고 있나요? 많은 전문가가 기후 위기가 임계점을 넘으면 회복하기 힘들다고 경고합니다. 그렇다면 전문가들이 말하는 기후 위기의 임계점은 무엇일까요? 2018년 우리나라 인천 송도에서 제48차 IPCC(기후 변화에 관한 정부 간 협의체) 총회가 열렸습니다. 이때 당시 IPCC 당사국인 195개국은 '지구온난화 1.5℃ 특별보고서' 내용에 합의했습니다. 보고서의 내용은 지구 평균기온 상승 폭을 산업화 이전(1850~1900년)보다 1.5℃ 아래로 제한해야 한다는 것입니다. 그 이유는 지구의 평균기온이 1.5℃ 상승할 경우, 기후 임계점에 도달해 더 이상 회복이 불가능해지기 때문입니다. 세계기상기구(WMO)에 따르면 이미 2021년 세계 평균기온이 산업화 이전 대비 1.11℃ 상승했다고 합니다. 앞으로 우리의 행동에 따라 내일의 지구가 결정되는 것입니다.

이러한 기후 위기의 심각성을 알리기 세계시민교육 활동을 하는 선생님들이 함께 모였습니다. 사실 '위기'라는 단어가 무색하게 생활 속에서 우리는 기후에 대해 무관심합니다. 햄버거가 기후 위기와 관련 있다는 것이 믿기나요? 유행을 따라 산 저렴한 옷들이 기후 위기를 앞당긴다는 것은요? 고급 의류로 손꼽히는 캐시미어가 몽골 초원을 사막으로 변화시키고 있다는 것은 알고 있었나요? 앞으로 50년 안에 사과나 배같이 우리가 흔히 먹는 과일들을 우리나라에서 재배하기 어려워진다면 어떻게 될까요? 지구촌 어느 나라는 바닷속에서 대통령과 장관들이 스쿠버 장비를 착용하고 국무회의를 열기도 했다는 것이 믿기나요? 왜 스타벅스는 플라스틱 빨대 대신 종이 빨대를 사용하기로 했을까요?

여러분들은 앞으로 기후 위기의 피해를 직접적으로 겪을 가능성이 큽니다. 저희 집필진들은 환경 문제에 책임감을 느끼고 여러분들과 함께 행동하고자 이 책을 집필했습니다. 두려움보다는 용기를 갖고 여러분과 함께 기후 위기 문제를 해결해 보고 싶습니다. 기후 위기라는 단어가 뉴스나 신문에 심심치 않게 등장하지만 기후 위기가 정확하게 무엇을 의미하는 건지, 우리 생활에 어떤 영향을 미치는지, 전 세계가 기후 위기를 위해 무엇을 하고 있는지 궁금한 여러분! 총 여섯 장으로 이루어진 기후 위기 수업을 듣고 나면 여러분들도 자연스럽게 "우리 같이 해요!"라고 말할 것입니다. 우리 같이 해 볼까요?

차례

파키스탄, 국토의 3분의 1이 물에 잠기다

2022년 6월부터 8월까지 파키스탄에 엄청난 양의 비가 내렸습니다. 파키스탄 인구의 15%에 달하는 3,300만 명 이상이 피해를 입었고 1,700명 이상의 사망자가 발생했습니다. 파키스탄 정부는 이번 홍수를 파키스탄 역사상 '최악의 재앙'으로 선언했습니다.

홍수로 집이 떠내려가 부서진 도로 위에서 지붕 하나 없이 생활하는 가족들이 많았습니다. 낮에는 뜨거운 햇빛으로 탈수의 위협을 겪었으며 밤에는 모기의 공격이 이어졌습니다. 비가 그치고 나니 뎅기열, 말라리아 등 수인성 질병이 확산되었습니다. 수인성 질병이란 오염된 물에 의해 세균이나 바이러스가 전달되어 감염되는 질병을 말합니다. 이번 홍수로 사망한 사람 중 3분의 1 이상이 어린아이들이었다고 합니다.

많은 연구원은 이번 파키스탄 홍수의 주된 원인을 지구온난화로 인한 이상기후 현상이라고 밝혔습니다. 그렇지만 이상한 점이 있습니다. 지구온난화는 온실가스 배출량이 클수록 그 정도가 심각해지는데, 파키스탄의 탄소 배출량은 매우 적은 편이었습니다. 파키스탄이 1959년 이후 지구상에 배출한 온실가스의 총량은 지구 전체의 0.4%에 불과했지요. 반면에 미국과 중국 등 주요 20개국은 전체 온실가스 배출량의 80%를 차지하고 있었습니다. 즉 기후 재난이 일어나더라도 화석연료를 이용해 부자가 된 선진국은 물자를 활용해 빠르게 대처하지만, 온실 배출 기여도가 낮은 가난한 나라에서는 물자가 부족해 심각한 재난을 막지 못하는 것입니다.

1942년 영국에서 시작된 국제 구호 개발기구 옥스팸(Oxfam)의 파키스탄 디렉터, 시드 샤나와즈 알리는 이렇게 말했습니다. "전 세계 온실가스 배출량 1% 미만의 책임이 있는 파키스탄이 기후 변화의 영향으로 인한 위기에 가장 취약한 나라 중 하나라는 것은 매우 불공평합니다. 세계에서 가장 부유한 국가들의 탄소배출에 대한 대가를 파키스탄이 치르게 해서는 안 된다는 것을 분명히 해야 합니다." 과연 선진국들은 파키스탄의 홍수에 아무런 책임이 없다고 할 수 있을까요?

"오늘은 파키스탄이지만, 내일은 당신의 나라일 수 있다."

– 안토니우 구테흐스 유엔 사무총장

4,000억 마리의 사막 메뚜기의 습격

"수백만 마리의 메뚜기 떼가 모든 것을 먹어 치우고 있습니다."

2020년, 4,000억 마리의 사막 메뚜기가 동아프리카를 습격했습니다. 성인 검지 크기의 사막 메뚜기는 1km²당 8,000만 마리가 군집을 이루어 이동합니다. 떼를 지어 이동하면서 메뚜기들은 쌀, 옥수수, 바나나 등 엄청난 양의 식량을 가리지 않고 먹어 치웁니다. 하루에 3만 5,000명의 식량을 먹는 어마어마한 식성을 갖고 있지요. 메뚜기 떼가 지나간 농작지는 황폐화가 되어 새로운 작물이 자라지 못하고 가축을 먹일 사료도 구하기 어려워집니다. 대부분 농사나 목축으로 생계를 이어 가고 있는 아프리카 주민들은 메뚜기 떼로 인해 생계 수단이 사라졌습니다. 사막 메뚜기 떼로 인해 아프리카 국가들의 식량난이 더욱더 심각해진 것입니다.

메뚜기 떼는 동아프리카에서 파키스탄을 거쳐 인도까지 옮겨 갔습니다. 메뚜기 떼가 바람을 타고 이동하면 하루에 150km 이상을 이동할 수 있기 때문입니다. 번식력 또한 엄청나서 암컷 한 마리가 300개의 알이 낳습니다. 동아프리카 지역은 메뚜기 떼가 확산하기 이전부터 2,500만 명 이상이 굶주림으로 고통받고 있었습니다. 그런데 왜 하필이면 이 지역에 메뚜기 떼가 나타난 것일까요? 메뚜기는 고온다습한 환경을 좋아합니다. 축축한 곳에 알을 낳는 습성이 있기 때문이죠. 2019년 10월부터 12월까지 동아프리카에는 엄청난 양의 폭우가 쏟아졌습니다. 평소 비가 잘 오지 않아 가뭄으로 고생하던 동아프리카는 이 덕분에 식량난에서 잠시 벗어날 수 있었습니다. 그러나 그것도 잠시, 메뚜기 떼가 번식하기 좋은 고온다습한 환경이 만들어졌습니다. 그렇게 메뚜기 개체 수가 동아프리카 지역에 폭발하게 된 것입니다.

바이러스와 이상기후의 관계

"3년 만에 여의도에서 세계 불꽃 축제가 열립니다!"

코로나19 바이러스가 나타난 이후 지난 몇 년 동안 모든 단체 행사가 취소되었습니다. 그동안 좋아하는 가수의 콘서트도, 학교의 체험학습이나 수련회도 가지 못했습니다. 올해 불꽃 축제의 주제는 'We hope again(우리는 다시 희망한다)'입니다. 코로나19로 지친 일상을 위로하고 다시 꿈과 희망의 불꽃을 쏘아 올린다는 의미입니다.

2019년 11월, 중국 우한 지역에서 처음 발견된 코로나19 바이러스는 전 세계 사람들의 삶을 완전히 변화시켰습니다. 2020년부터 전 세계로 퍼지기 시작해서 수많은 확진자와 사망자들을 기록한 끔찍한 전염병입니다. 곧 종식될 것 같았던 코로나19 바이러스는 지금도 여전히 유효합니다. 코로나19 바이러스로 소중한 가족을 잃은 사람들, 후유증으로 고생하는 사람들, 사람들과의 만남이 줄어 우울감이나 불안감을 호소하는 사람들이 많습니다.

그런데 전문가들은 코로나19 바이러스보다 규모가 크고 위험한 감염병이 또다시 발생할 것이라고 말합니다. 왜냐하면 환경 파괴로 인해 지구의 평균 온도는 계속해서 상승하고 있고 지구 곳곳에서 홍수, 폭염 등의 이상기후 현상이 나타나고 있기 때문입니다. 폭우와 홍수는 다양한 수인성 전염병을 확산시킵니다. 수인성 전염병의 예방법은 물을 30분 이상 끓여 먹는 것인데, 홍수가 발생한 지역의 경우 깨끗한 식수를 구하기 어렵습니다. 오염된 물을 마신 이재민들은 극심한 설사병, 콜레라, 피부병 등 전염병에 고스란히 노출됩니다.

또한 폭염과 홍수 같은 이상기후는 모기와 같이 바이러스를 옮기는 매개체의 수를 늘립니다. 말라리아, 뎅기열 등이 매개체에 의해 감염되는 질병입니다. 말라리아의 경우 평균 16℃ 정도의 기온에서 확산된다고 합니다. 실제로 열대 지역에서 말라리아와 같은 모기 매개 전염병들이 많이 나타납니다. 물론 우리나라도 안전지대는 아닙니다. 지구온난화로 인해 열대 지역의 범위가 1년에 반경 48km씩 확대되고 있습니다. 특히 한국은 지구 평균기온보다 빠르게 기온이 상승하고 있다고 합니다.

기후 위기가 뭐예요?

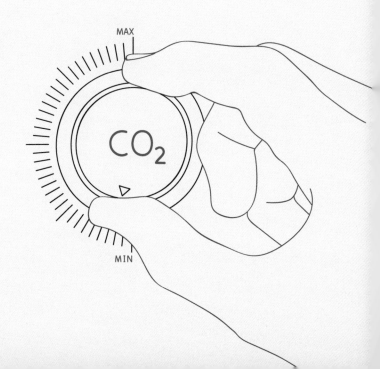

1. 지금 대한민국은 몇 시 몇 분?

서울 도심 한복판인 명동 롯데백화점 앞에 가면 커다란 시계가 하나 있습니다. 특이한 점은 1년에 한 번 시계의 숫자가 바뀐다는 것입니다. 시간을 가리키는 것은 아닌 것 같은데, 무엇을 의미하고 있는 걸까요? 바로 환경 위기 수준을 시계로 나타내는 것입니다.

'환경 위기 시계'라고 불리는 이 시계는 한국의 환경 재단과 일본의 아사히 그라스 재단이 1992년부터 매년 세계 90여 나라의 정부, 기업, NGO 등 환경 전문가를 대상으로 실시한 설문 조사 결과를 바탕으로 움직입니다. 설문 조사 결과를 보고 사람들이 느끼는 환경 위기 수준을 시각으로 표현한 것이지요.

환경 위기 시계는 '00:01~03:00 불안하지 않다, 03:01~06:00 조금 불안하다, 09:01~12:00 매우 불안하다'로 시간을 구분합니다. 시곗바늘이 12시를 가리킬 경우 인류의 멸망을 의미한다고 합니다. 세계 환경 위기 시

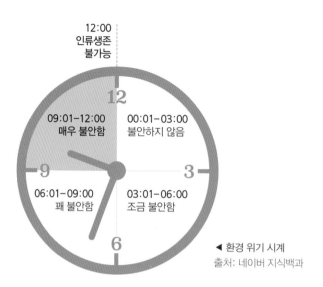

12:00
인류생존
불가능

09:01-12:00
매우 불안함

00:01-03:00
불안하지 않음

06:01-09:00
꽤 불안함

03:01-06:00
조금 불안함

◀ 환경 위기 시계
출처: 네이버 지식백과

계는 1992년 7시 49분을 가리켰는데 1996년 이후 2000년 단 한 번을 제외하고는 모두 9시 넘은 시각을 가리켰습니다. 올해는 9시 35분을 가리키고 있습니다.

그렇다면 지금 대한민국은 몇 시일까요? 우리나라 환경 단체는 매년 명동 롯데백화점 앞에 있는 환경 위기 시계 앞에서 시각을 발표하고 있습니다. 2022년에는 9시 28분으로 작년보다 10분 앞당겨졌고, 세계 평균보다는 7분 빠릅니다. 내년에는 과연 몇 시를 가리킬까요? 시계를 멈출 수는 없을까요?

2. 오늘의 날씨를 말씀드리겠습니다

▲ 일기 예보

안녕하세요. 이번 주 내내 더운 날씨가 이어졌는데요. 오늘도 남부 지방
을 중심으로 낮 기온이 35℃ 내외로 오르는 만큼 더운 날씨를 보이겠습
니다. 이렇게 더운 날씨에 소나기까지 내리는 지역이 있겠는데요. 현재

우리나라는 대체로 맑은 날씨를 보이고 있는 가운데 서쪽 지역을 중심으로 낮은 구름대가 끼어 있습니다. 해상의 해무가 유입되면서 생긴 이 구름대 때문에 서해안과 일부 제주도 지역에는 가시거리 200m 이하의 짙은 안개가 낀 곳이 있습니다. 내륙 지방에서 역시 이 낮은 구름대의 영향으로 인해 일부 경기도와 충남에는 약한 이슬비가 내리는 곳도 있습니다. 하지만 기온이 오르기 시작하는 아침부터는 안개의 영향이 점점 약해지면서 서해안의 시야도 차차 회복되겠으며, 이슬비도 곧 그치겠습니다.

이렇게 마지막에는 기상캐스터가 등장해 일기 예보로 뉴스는 끝이 납니다. 사람들은 일기예보를 듣고 오늘이나 내일, 한 주간의 날씨가 어떨지 예측하고 일정을 정하는 데 참고하지요. 요즘에는 스마트폰이나 태블릿을 이용하면 바로 이번 주 날씨를 알 수 있고, 기상청 사이트나 애플리케이션을 활용하여 직접 일기도를 보거나 기상위성으로 관측된 구름 사진까지도 볼 수 있습니다.

'날씨'는 한자로 기상(氣象)이나 일기(日氣)라고도 하는데, 어느 한순간에 나타나는 기온, 습도, 기압, 풍향, 풍속, 강수량 등의 상태를 말합니다. 필요에 따라서는 한눈에 알아보고 예측하기 쉽게 일기도의 형태로 기록할 수도 있지요. 농사를 짓거나 배를 타고 나가는 등 실외에서 일을 하는 사람들에게 날씨의 변화는 중요한 정보였고, 현재에도 생활 대부분을 날씨와 떨어뜨려 생각할 수 없습니다. 태풍이나 토네이도, 장마, 집중호우 등으로 인해 우리의 생명과 재산이 위협받을 수 있기 때문입니다. 우리는 일기 예보를 듣고 도로, 산 밑, 농작물, 가축, 건축물의 대비를 해 놓을 수 있으며 피해도 줄일 수 있습니다.

날씨가 보통 짧은 기간 동안 일시적으로 나타나는 기상현상을 말한다면, 기후(氣候)는 오랜 기간의 평균적인 날씨를 말합니다. 기후를 이야기할 때는 일반적으로 30년간의 평균을 이용하므로 날씨보다 지속적이고 평균적인 기상현상을 의미한답니다.

기후에서 쓰이는 '기'와 '후'는 보통 절기를 표현할 때 사용하는 음절이며, 고대 중국의 의학서에서는 다음과 같이 표현하기도 했습니다.

五日謂之候, 三候謂之氣, 六氣謂之時, 四時謂之歲
닷새를 합하여 후라고 하며, 세 후가 모여 기가 됩니다.
여섯 기를 묶어 한 시(계절)가 되고, 사계절이 모여 한 해를 이룹니다.

위의 인용에 따르면 5일을 '후', 세 후가 모여 만들어진 '기'는 15일, 거기다 여섯 기라면 90일, 즉 3개월을 한 계절이라 부르며 4개의 계절이 모여 한 해가 된다는 뜻입니다. 날씨 또는 기상의 개념이 짧은 시간을 기준으로 하는 것이라면, 현재 30년간의 평균 날씨를 표현하는 기후라는 단어는 지금만큼 긴 기간은 아니더라도 어느 정도 시간 간격을 두고 표현해 왔다는 것을 알 수 있습니다.

기후를 뜻하는 영어 단어인 Climate는 그리스어의 '기울어지다'라는 뜻에서 파생되었는데, 계절 변화의 원인과 관련이 있습니다. 적도나 극지방과 달리 중위도에 위치한 우리나라는 특히 사계절마다 다른 날씨를 볼 수 있는데, 이는 지구의 자전축이 기울어져 받게 되는 태양 복사에너지양이 다르기 때문이랍니다. 지구가 태양을 한 바퀴 공전하는 동안 받는 태양 복사에너지양이 달라서 1년 동안 봄, 여름, 가을, 겨울이 생기게 된 것이지요. 하지만 날씨의 변화는 주원인인 태양 복사에너지양의 차이 외에도 생물이나 대기, 지각, 해양, 얼음 등 다양한 요소들의 상호작용으로 인해 생기기도 합니다. 지구의 탄생 이후로 평균적인 기상현상은 이렇게 다양한 요소들에 의해 조금씩 변해 왔답니다.

지구가 만들어진 이후부터 지금까지 지질시대의 관점에서 보면, 지구에는 빙하기와 간빙기가 반복적으로 번갈아 나타났고 엘니뇨와 라니냐와 같은 국지적인 기상이변도 반복되고 있습니다. 게다가 산업화 이후 인간의 영향으로 지구온난화 같은 현상이 나타나 기상현상을 관측하고 기후를 정확하게 예측하는 데에 많은 어려움이 생겼습니다. 그럼에도 불구하

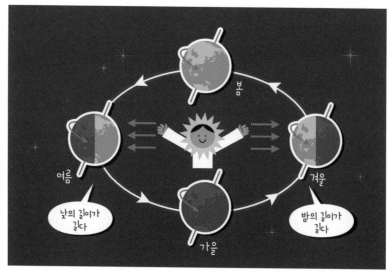

▲ 계절 변화의 원인

고 사람들은 특정 지역에서 발견한 기후 요소를 일정 기간 동안 관찰하고 통계를 내어 지구 대기권의 성질과 변화를 예측하고 있습니다. 최근에는 기후 변화의 폭이 커지면서 30년이 아닌 10년 단위의 평균을 따로 산출하여 기후 변화의 지표로 삼기도 합니다.

3. 날씨를 알려 줄게!

　기상현상이나 날씨를 쉽게 알아보기 위해서는 어떻게 표현해야 할까요? 사람들은 날씨를 표현하는 방법에 대해 오랜 시간 고민해 왔습니다. 그리고 마침내 누구나 날씨가 지역별로 어떻게 분포하고 있는지 쉽게 이해할 수 있는 날씨 지도, 즉 일기도를 만들었지요. 일기도에서는 기온, 습도, 바람 등을 지표로 활용하여 특정 지역의 날씨 특징을 보여 줄 수 있으며 등온선, 등우량선, 등압선 등 다양한 요소들을 함께 표기하여 기후 변화를 설명할 수 있습니다.

　또한 간단한 기호로 바람의 풍향과 풍속을 표시할 수 있었는데요. 화살표 방향으로 풍향을, 화살표에 붙인 날개의 수와 길이로 풍속을 나타냈습니다. 그 외에도 갠 일수, 비 온 일수, 눈 온 일수, 첫눈·첫서리 일자, 끝눈·끝서리 일자 등을 함께 보여 주는 일기도가 존재하며, 세계의 주요 국가 중에서는 국내의 일기도를 모은 기후 도장(氣候圖帳)을 간행하는 곳도 있답니다.

아래의 일기도는 기상청에서 확인할 수 있는 일기도입니다. 기상청에서는 현재뿐 아니라 6시간 전에서 한 달 전같이 과거의 일기도를 확인할 수 있습니다. 몇 시간 후의 예상 일기도도 확인할 수 있답니다. 일기도의 등압선과 풍향, 풍속을 세밀하게 분석하여 앞으로의 날씨까지 예측할 수 있지요.

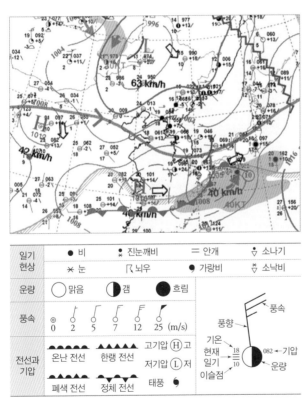

▲ 2023년 6월 6일 오전 9시의 우리나라 주변 일기도
출처: 기상청 홈페이지

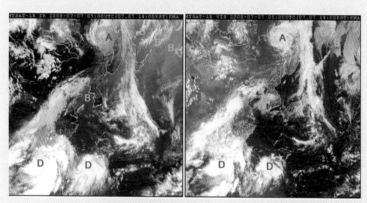

위성 사진으로 날씨 예측하는 방법

위성 사진이나 영상은 국가기상위성센터 홈페이지나 기상청 홈페이지, 구글 어스 등에서 찾아볼 수 있습니다. 요즘에는 위성 사진 애플리케이션으로도 확인할 수 있지요.

국가기상위성센터나 기상청에서는 천리안 위성이나 외국 위성에서 영상을 얻을 수 있습니다. 기상 영상에서 사용되는 파장은 총 다섯 가지인데요. 구름과 지표면에서 반사된 태양빛의 강약을 나타내는 가시채널, 구름 및 지표면으로부터의 복사량과 태양 반사광을 합친 단파적외채널, 물체가 방출하는 적외선 에너지의 양을 측정하는 적외선 영역의 두 개의 채널, 수증기의 이동을 알 수 있는 수증기채널로 구성되어 있습니다.

이렇게 위성의 다양한 채널을 통해 얻은 영상을 분석하기 위해서는 관측한 구름이나 수증기가 어떤 특성인지 알아야 합니다. 먼저 가시영상으로는 눈이 쌓인 정도, 빙하가 녹은 정도, 산불과 연기 등의 기상현상이나 바다 인근의 해무와 적운 등을 관측할 수 있습니다. 태풍이나 집중호우와 같은 악기상도 감시할 수 있지요.

또한 단파적외영상과 적외영상의 복사에너지 차이를 이용하면 안개도 탐지할 수 있습니다. 단파적외채널이 적외채널보다 구름 입자의 복사율이 작아 온도도 낮게 보이므로 적외채널에는 옅게, 근적외채널에서 진하게 보이는 장소는 안개가 있다

(A: 하층운, B: 하층운(안개), C: 상층운, D: 발달한 적란운)
▲ 위성 영상으로 확인하는 구름
출처: 국가위성센터

는 것을 추측할 수 있습니다. 앞쪽의 위성 영상 그림에서 왼쪽이 적외채널, 오른쪽이 가시채널입니다. B의 위치를 보면 왼쪽보다 오른쪽이 더 밝은 것으로 보아 B 위치의 구름을 안개라고 예측할 수 있는 것입니다. 또한 구름의 두께가 두꺼우면 적란운이라고 할 수 있는데 그림의 D와 같이 하얗게 나타나는 부분이 그렇습니다. 적란운의 경우 소나기, 우박, 천둥 번개를 동반할 수 있기 때문에 관측에 유의해야 한답니다.

4. 이상한 날씨가 나타나고 있어!

2021년 11월, 석 달 후 동계올림픽이 열리는 베이징에서 폭설이 쏟아졌습니다. 평상시보다 이른 시기에 너무 많은 첫눈으로 고속도로는 폐쇄되고 시내버스는 꼼짝도 할 수 없었습니다. 비슷한 시기에 이탈리아 베네치아의 중심인 성 마크로 광장은 물에 잠겼습니다. 지난 6주 동안 물에 잠긴 것만 해도 벌써 네 번째였으며, 해수면이 높아지는 것이 그 원인이라고 합니다.

이처럼 기상천외한 기후 변화를 기상이변(氣象異變) 또는 이상기후라고 부릅니다. 과거에 경험한 일기 상태, 즉 평상시 기후의 수준을 크게 벗어난 기상현상을 뜻하지요. 보통 기후를 분석할 때 30년을 기준으로 삼고 있는데요. 세계기상기구인 WMO에서는 기상이변을 다음과 같이 정의했습니다.

기온과 강수량을 대상으로 정량적 통계분석에 의한 이상기상의 발생수와 변화를 취급하는 경우에는, 월평균기온이나 월강수량이 30년에 1회 정도 확률로 발생하는 기상현상을 '기상이변'이라고 한다.

기상이변은 왜 생기는 걸까요? 많은 과학자가 분석한 결과 기상이변의 원인으로 지구온난화, 엘니뇨와 라니냐, 제트기류 등을 포함한 여러 가지를 들고 있지만, 대다수의 학자들은 그중 지구온난화의 영향을 결코 무시

---

tip

이상한 날씨, 엘니뇨와 라니냐

엘니뇨와 라니냐는 열대 중부 지방에 접해 있는 태평양의 해수면 온도가 평소에 비해 0.5℃ 이상 차이가 나는 상태로 5개월 정도 지속되는 현상을 말합니다. 엘니뇨와 라니냐는 각각 남자아이, 여자아이를 뜻하는 스페인어로, 특히 이 현상이 크리스마스 직후에 나타나는 경우가 많아서 '아기 예수'라는 뜻을 갖기도 합니다.

엘니뇨는 따뜻한 물이 태평양 동부인 남아메리카 해안 쪽으로 평상시보다 많이 접근하게 되면서 나타나는 현상입니다. 남아메리카 해안에 따뜻한 물이 많이 유입되면 차가운 물이 솟아 올라오지 못해 그 지역은 평상시보다 습한기후를 겪게 되며, 심할 경우 대규모의 홍수가 발생하는 일도 있습니다. 반면 태평양의 서부에 위치한 인도네시아, 필리핀 등지에서는 건조한 상태가 지속되어 가뭄과 함께 산불의 빈도가 증가하게 됩니다.

라니냐는 엘니뇨와 반대되는 현상으로 태평양의 서부 지역에 따뜻한 물이 많아 서태평양 지역의 해수면과 수온이 평년보다 상승하고 동태평양에서는 차가운 물이 솟아오르는 현상(용승)이 심해져 두 지역이 엘니뇨와 반대되는 기상이변이 나타나는 것을 말합니다.

엘니뇨와 라니냐는 보통 2~7년의 불규칙한 간격으로 발생하고 대개 1~2년 동안 지속되는데, 해당 지역뿐 아니라 멀리 떨어져 있는 우리나라나 중국 등에서도 이상 저온 현상이나 잦은 폭우 등의 기상이변에 영향을 주었답니다.

할 수 없다고 이야기하고 있습니다. 실제로 지구의 기온 상승으로 인해 극지방의 해빙이 녹고 폭우와 가뭄 등 극단적인 기후 현상이 생기면서 곡물 재배가 어려워 굶어 죽거나 살던 곳을 떠나야 하는 사람들이 늘었습니다.

따라서 오늘날 전 세계의 많은 나라들이 '기후 변화에 관한 유엔 기본협약'이나 '교토 의정서' 등을 통해 기후 변화를 줄이기 위한 다양한 노력을 제시하고 이를 수행하려는 노력을 보이고 있으며, 기후 변화의 심각성과 필요성을 알리는 다양한 시위가 세계 곳곳에서 벌어지고 있답니다.

지구의 온도가 1℃ 오르면
어떻게 되나요?

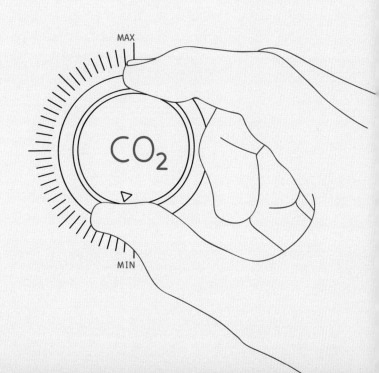

1. 지구온난화의 주범, 온실가스

이산화탄소가 인류를 위협하고 있어요

'킬링 곡선(Keeling Curve)'이라는 말을 들어 본 적 있나요? 킬링 곡선이란 1958년부터 마우나로아 관측소에서 측정한 지구 대기 중의 이산화탄소(CO_2) 농도를 나타낸 그래프입니다. 관측을 주도한 킬링 박사의 이름을 따서 킬링 곡선이라고 불리게 되었죠. 킬링 박사는 30세부터 측정을 시작하여 77세로 생을 마감하기 전까지 하와이 마우나로아 산 꼭대기에서 꾸준히 측정하였고, 지금은 그의 아들이 대를 이어 측정하고 있다고 합니다. 킬링 곡선은 계절의 영향에 따라 오르고 내리기를 반복하며 매년 상승하고 있습니다.

대기 중의 이산화탄소는 건강한 지구라면 별다른 노력 없이 스스로 일정한 양을 유지할 수 있습니다. 농사로 예를 들어 생각해 볼까요? 3~4월

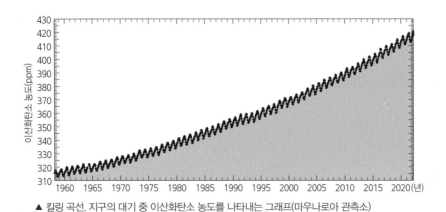

▲ 킬링 곡선. 지구의 대기 중 이산화탄소 농도를 나타내는 그래프(마우나로아 관측소)

경 농사가 시작되면 사람들은 겨울 동안 얼어 있던 땅을 갈아엎어 씨를 심을 준비를 합니다. 이때 땅속에 갇혀 있던 이산화탄소가 공기 중으로 배출되지요. 그렇게 공기 중으로 배출된 이산화탄소는 지구의 이산화탄소 농도를 증가시켜 일시적으로 킬링 곡선이 증가하게 됩니다. 하지만 씨앗이 싹 트고 농작물이 자라면서 식물이 '광합성'을 하게 되면 상황은 변하게 됩니다. 식물은 광합성이라는 작용을 통해 공기 중의 이산화탄소를 흡수하고 다시 산소를 배출하기 때문이죠. 식물들이 대기 중의 이산화탄소를 흡수하기 시작하면 일시적으로 증가했던 지구의 이산화탄소 농도는 다시 감소하기 시작합니다. 이처럼 건강한 지구는 공기 중에 있는 이산화탄소를 다시 땅으로 돌려보내 일정한 농도로 유지할 수 있게 합니다.

사실 킬링 박사도 초반에는 이런 작용 때문에 지구 스스로 이산화탄소의 농도를 일정 수준으로 유지할 수 있다고 생각하였습니다. 하지만 오랜 시간 측정을 한 결과 그는 생각이 틀렸음을 알게 되었지요. 그래프는 계절의 영향에 따라 오르고 내리기를 반복하지만, 결과적으로 매년 상승하고 있었기 때문입니다. 박사가 측정을 시작한 1958년에는 대기 중의 이산화탄소 농도가 315ppm이었는데 2013년에는 400ppm을 돌파했고, 2020년에는 무려 417ppm까지 측정되었습니다. 그래프는 처음 측정할 당시에는 연간 0.7ppm 정도로 높아지다가 최근 10여 년 동안에는 매년 2.1ppm씩 높아지며 가파른 상승을 하고 있습니다. 킬링 곡선에서 우리가 중요하게 살펴볼 부분은 2013년에 측정된 400ppm입니다. 400ppm일까요? 이유는 2007년 기후변화정부간협의체(IPCC)가 제시한 대기 중의 이산화탄소 농도의 제한선이 바로 400ppm이기 때문입니다. 다시 말해 IPCC는 지구의 온도를 산업혁명 이전보다 2℃ 높이지 않으려면 대기 중의 이산화탄소 농도가 400ppm을 넘기지 말아야 한다고 경고했습니다.

킬링 곡선의 가파른 상승이 위험한 이유는 '온실가스'의 양이 비정상적으로 증가하고 있다는 의미이기 때문입니다. 온실가스는 지구를 둘러싸고 있는 기체로 지구의 정상적인 온도를 유지하는 데 꼭 필요한 요소입니다. 지구는 태양으로부터 복사열을 받습니다. '복사'란 열을 전달해 주는 중간물질이 없는 상황에서 열이 전달되는 것을 말합니다. 지구와 태양 사이에는 열을 전달해 주는 물질이 없기 때문에 태양에서 들어오는 열을 우리는 복사열이라고 부른답니다. 지구는 태양으로부터 받은 복사열을 일정 부분은 사용하고 필요 없는 부분은 다시 우주로 돌려보냅니다. 이때 온실가스는 지구에서 우주로 발산하는 복사열을 흡수하거나 반사할 수 있게 도와주면서 지구의 온도가 너무 낮지도 높지도 않게 유지 시켜 주는 역할을 합니다.

지구에 존재하는 자연적인 온실가스가 없다면 지구는 매우 추워져 생물

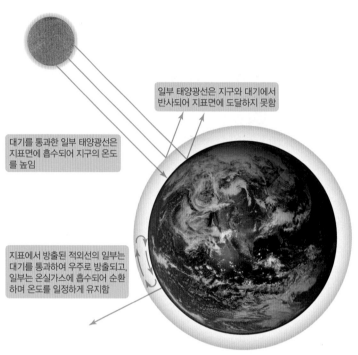

일부 태양광선은 지구와 대기에서
반사되어 지표면에 도달하지 못함

대기를 통과한 일부 태양광선은
지표면에 흡수되어 지구의 온도
를 높임

지표에서 방출된 적외선의 일부는
대기를 통과하여 우주로 방출되고,
일부는 온실가스에 흡수되어 순환
하며 온도를 일정하게 유지함

▲ 온실가스의 역할
출처: 네이버 백과사전

들이 살기 어려울 것입니다. 하지만 우리가 걱정해야 할 부분은 온실가스
의 존재가 아닌 온실가스가 심각한 수준으로 증가했다는 것입니다. 온실
가스의 종류에는 모두가 잘 알고 있는 이산화탄소를 비롯해 메탄, 아산화
질소 등이 있습니다. 원래 자연에 존재했던 이 기체들은 산업혁명을 시작
으로 급격하게 늘기 시작했습니다. 그렇게 늘어난 온실가스가 지구의 온
난화 작용을 가속했고, 그 결과 지구는 점점 뜨거워지고 있습니다. 킬링
곡선이 경고하고 있는 상황이 바로 비정상적으로 늘어난 '온실가스'인 것
입니다.

온실가스의 종류를 알아봐요

온실가스의 종류는 매우 다양합니다. 그 가운데 지구온난화에 큰 영향을 끼치는 6대 온실가스는 아산화질소(N_2O), 수소불화탄소(HFCs), 과불화탄소(PFCs), 육불화황(SF_6), 이산화탄소(CO_2), 메탄(CH_4)이 있습니다. 6대 온실가스별 비중은 이산화탄소가 91.8%로 가장 높으며, 메탄 3.9%, 아산화질소 2%, 수소불화탄소 1%, 육불화황 0.8%, 과불화탄소 0.4%의 순서로 나타납니다.

온실가스마다 발생하는 원인도 다양합니다. 가장 큰 비중을 차지하고 있는 이산화탄소는 석탄, 석유 등과 같은 화석연료를 사용할 때 발생합니다. 산업혁명이 시작되고 화석연료 사용이 증가하면서 대기 중의 이산화탄소의 농도를 나타내는 킬링 곡선이 가파르게 증가하게 된 이유가 바로 이 때문입니다.

메탄은 이산화탄소보다 양은 적지만 열을 흡수하는 능력은 이산화탄소의 약 20~30배에 이릅니다. 이것은 '지구온난화 지수(GWP, Global Warming Potentials)'로 확인할 수 있습니다. 일단 한 번 배출된 메탄은 대기 중에 십 년 정도 분해되지 않고 머무르며 열을 흡수합니다. 메탄은 보통 농축산업 분야에서 많이 발생하는데, 가축을 기르면 생기는 배설물이나 농사를 지을 때 나오는 농업폐기물 등 박테리아가 유기물을 분해하는 과정에서 만들어집니다. 또 소의 트림과 방귀에서도 메탄이 발생한다고 합니다.

아산화질소는 온실가스에서 차지하는 비중은 매우 적지만 '지구온난화 지수'는 무려 310이나 됩니다. 아산화질소는 화학비료의 폐기물을 연소

할 때 많이 발생하는데 대기 중에는 약 180년 동안 머무르며 열을 흡수한다고 합니다. 이 밖에도 수소불화탄소는 에어컨이나 냉장고의 냉매와 스프레이 분사제, 과불화탄소는 반도체 세정, 육불화황은 전기 절연용으로 사용되며 발생하고 있습니다. 특히 수소불화탄소는 과거 지구의 오존층을 파괴한다고 하여 사용이 금지된 프레온 가스(CFC)를 대신하여 등장했는데 주의 깊게 볼 필요가 있습니다. 프레온 가스는 매우 안정적인 기체로 대기 중에서 분해가 되지 않고 지구 대기층까지 올라갈 수 있습니다. 이때 태양의 자외선을 만나면서 오존층을 파괴합니다. 이러한 문제로 2010년 전 세계적으로 사용이 금지되었고, 대체제로 나온 것이 바로 수소불화탄소입니다. 주로 냉장고나 에어컨 등의 냉매제로 사용되거나 각종 스프레이 제품에 쓰이는데, 수소불화탄소의 온난화지수는 무려 11,700이나 된다고 하여 지구온난화의 또 다른 문제가 되고 있습니다.

온실가스로 인해 지구가 변하고 있어요

사실 온실가스의 입장에서 생각해 보면 조금 억울할 것 같습니다. 온실가스는 아주 오래전부터 지구에 자연적으로 존재했기 때문이죠. 오히려 적당한 수준의 온실가스 덕분에 지구는 생명체들이 살 수 있는 적정 온도로 유지될 수 있었습니다. 우리가 고려해야 할 부분은 '지구에 존재하는 모든 온실가스를 없애는' 것이 아니라, '비정상적으로 증가한 온실가스를 줄이는' 데 있습니다. 만약 우리가 지금과 같은 양의 온실가스를 계속 배출한다면 어떻게 될까요? 누구나 알고 있듯이 지구의 기온은 점점 뜨거워질 것입니다. 우리나라 상황으로 살펴본다면 21세기 후반 한반도의 평균기온은 지금보다 7℃가 높아질 것이라고 합니다. 평균기온이 7℃ 높아지는 것은 우리에게 어떤 변화로 나타날까요? 아마도 한반도는 사계절이 존재하는 온대기후가 아닌, 여름이 길고 비가 많이 내리는 아열대기후가 될 것입니다. 평균 3~4개월이었던 여름이 5~6개월로 늘어난다는 의미입니다. 에어컨 없이 잠들 수 없는 열대야 현상은 무려 60일이나 지속될 것이고, 여름의 최고 기온이 40℃를 넘어갈 수 있다는 이야기이지요. 몇몇 학자들은 우리나라 남해안이 이미 아열대기후가 되었다고 보고 있습니다.

지구온난화 지수가 뭐예요?

지구온난화 지수(GWP, Global Warming Potentials)란 온실가스가 지구온난화에 미치는 영향을 숫자로 나타낸 것입니다. 숫자가 클수록 열을 흡수하는 능력이 강하다는 걸 의미합니다. 그만큼 지구온난화에 영향을 주지요. 수치는 이산화탄소를 기준으로 측정하는데, 예를 들어 메탄 1kg은 이산화탄소 21kg에 해당하는 정도로 지구를 온난화할 수 있다는 의미입니다. 이산화탄소는 다른 온실가스에 비해 지구를 온난화하는 능력은 약하지만 엄청나게 많은 양이 배출되고 있어 문제가 되고 있습니다.

종류	지구온난화 지수(GWP)
이산화탄소(CO_2)	1
메탄(CH_4)	21
아산화질소(N_2O)	310
수소불화탄소(CFCs)	140~11,700
과불화탄소(PFCs)	6,500~9,200
육불화황(SF_6)	23,900

출처: 환경부 온실가스종합정보센터

어쩌면 우리가 생각하는 것보다 더 빠르게 기후 변화가 진행되고 있는지도 모르겠습니다.

2. 메일로 북극의 얼음을 녹인다고요?

메일이 왜 문제가 되나요?

이메일 주소 하나쯤은 누구나 가지고 있을 것입니다. 이메일을 주고받기 위해서도 필요하고 때로는 홈페이지의 아이디처럼 사용하기도 합니다. 이메일 주소는 '사용자 이름@도메인 이름'으로 구성되어 있는데 @는 나라마다 다르게 읽히기도 합니다. 미국에서는 'at(앳)'이라고 읽고 우리나라에서는 잘 알고 있듯이 '골뱅이'라고 읽습니다. 이탈리아에서는 '달팽이', 헝가리에서는 '지렁이'라고 읽는다고 합니다. 전 세계인들이 흔하게 사용하고 있는 이메일 주소가 대체 기후 문제와 무슨 관계가 있는 것일까요? 그 이유는 바로 '다크데이터' 때문입니다. 다크데이터란 미래에 사용할 가능성이 있다는 이유로 삭제되지 않고 방치되고 있는, 다시 말해 저장 공간만 차지하고 있는 데이터를 의미합니다. 이메일 계정에 읽지 않고 잔

			The-K교직원나라	(광고) 임직원 명
			공무원연금공단 특가몰	(광고)[공무원할인
			마이민트	(광고)민식이법
			과학동아몰	(광고) [에듀큐 1
			롯데ON	[롯데ON] 배송이
			예스24(이벤트)	(광고)★로이북스
			교보eBook	(광고) 세상 어디
			한국교육신문	[한국교육신문] 1
			공무원복지몰:상록몰	(광고)상록몰 1월
			동아사이언스	지구의 핵, 예상
			The-K교직원나라	(광고) 더케이몰
			롯데ON	(광고) 고객님께
			aghealth@ag-health.com	(광고)안국건강 -

▲ 확인하지 않은 이메일은 '다크데이터'가 될 수 있습니다.

뜩 쌓여 있는 이메일들이 바로 다크데이터가 되는 것이죠.

우리는 하루에도 수십 통씩 이메일을 주고받고 있지만, 대부분의 이메일은 읽지도 않은 채 방치하고 있습니다. 며칠만 메일함을 확인하지 않으면 수십 통, 수백 통씩 쌓여 있는 메일들을 발견할 수 있지요. 쌓인 이메일은 온라인상의 모든 데이터를 저장하고 전송하는 시설인 '데이터 센터'라는 거대한 컴퓨터에 저장이 됩니다. 테이터 센터는 해당 기업에서 24시간 365일 관리하며 엄청난 양의 전력을 사용하고 있는데 이러한 이유로 1년 내내 가동되고 있는 데이터 센터에서는 엄청난 양의 열이 발생합니다. 하지만 데이터를 처리하는 컴퓨터는 열에 취약하기에 냉각 장치가 반드시 필요하고 이러한 냉각 장치를 가동하기 위해 엄청난 양의 전력이 사용되는 것입니다. 환경 단체인 그린피스(Greenpeace)는 '2020년 세계 데이터 센터 에너지 사용량'이 연간 1조 9,730억 kWh라고 이야기하고 있습니다.

이것은 우리나라 1년 사용 전기량의 4배에 달하는 전기량이라고 합니다. 이렇게 필요한 전기를 생산하는 과정에서 온실가스가 발생하게 되고, 그로 인해 증가한 온실가스는 지구온난화에 큰 영향을 끼치게 됩니다.

사실 이메일뿐만 아니라 우리가 즐겨 보는 유튜브나 넷플릭스 같은 동영상 서비스 역시 전기를 많이 사용합니다. 우리가 동영상을 선택하면 데이터 센터에 저장되어 있던 영상이 스마트폰으로 전송되어 재생됩니다. 이외에도 무언가를 검색하고, 클라우드에 저장하고, 온라인 게임을 할 때도 역시 데이터 센터를 이용하지요. 이렇게 뜨거워진 데이터 센터를 냉각시키기 위해 많은 양의 전력이 필요한 것입니다. 예를 들어볼까요? 프랑스 비영리 단체인 시프트 프로젝트(The Shift Project)에서는 온라인에서 동영상을 30분 시청할 때 무려 1.6kg의 이산화탄소(CO_2)가 발생한다고 보고하였습니다. 이것은 차로 6.3km를 운전했을 때 발생하는 양이라고 합니다. 우리는 그저 가만히 앉아 영화 한 편을 봤을 뿐인데 의도치 않게 이산화탄소를 발생시킨 상황인 거죠. 다시 말해 스마트폰을 사용하는 우리의 일상이 온실가스를 배출하고 지구온난화를 가속시키는 상황이 될 수 있는 것입니다. 그래서 기업에서도 전력 사용을 줄여 온실가스 배출을 막고자 노력하고 있습니다. 데이터 센터를 사용하는 기업은 국내외에 많이 있습니다. 우리가 잘 알고 있는 구글, 네이버, 유튜브, 넷플릭스뿐만 아니라 페이스북, 트위터 같은 SNS도 우리가 올리는 사진과 글을 저장하기 위해 데이터 센터를 운영합니다. 몇몇 기업에서는 자연의 도움을 받아 냉각하려고 노력하고 있습니다. 예를 들어 페이스북 같은 경우는 북극과 가까운 곳에 데이터 센터를 설치하여 북극의 차가운 바람으로 냉각하고 있습니

▲ 강원도 네이버 데이터 센터 '각'

다. 마이크로 소프트 역시 바다 깊은 곳에 데이터 센터를 설치하여 차가운 해수로 냉각하고, 국내에 있는 네이버 데이터 센터도 우리나라에서 가장 기온이 낮은 강원도에 건설하여 자연의 도움을 받아 냉각하고 있습니다.

지금 시대는 홀로세일까? 인류세일까?

지질시대의 구분은 선캄브리아대로부터 시작합니다. 이 시기는 지구가 탄생하고 다세포 생물이 번성한 시대였습니다. 선캄브리아대가 지나고 최초의 육상 생물이 나타난 고생대, 공룡과 같은 파충류가 번성한 중생대, 그리고 인간과 같은 포유류가 번성한 신생대로 이어집니다. 각 지질시대는 또다시 세분됩니다. 예를 들어 우리가 잘 알고 있는 쥐라기, 백악기 같은 시대는 중생대를 세분화한 것입니다. 중생대와 마찬가지로 신생대도

세분되어 있는데 우리가 살고 있는 현재는 '신생대 제4기 홀로세'라고 합니다. 이것은 약 1만 1700년 전 빙하기가 끝난 이후의 시대입니다. 갑자기 지질시대를 이야기한 이유가 무엇일까요? 그 이유는 2000년 2월 멕시코에서 열린 지구환경 관련 국제회의에 참석한 파울 크루첸이 한 발언 때문입니다. 오존층 구멍을 발견해 1995년 노벨 화학상을 받은 그는 "현재 지질연대는 공식적으로 '홀로세(Holocene)'이지만 산업혁명으로 오존층에 구멍이 뚫리면서 우리는 새로운 지질연대로 접어들었습니다. 우리는 더 이상 '홀로세'가 아닌 '인류세'에 살고 있습니다."라고 하였습니다. 이후 유명 과학잡지나 언론에서는 유행처럼 '인류세'라는 단어를 사용하고 있습니다. '인류세'란 인간의 다양한 활동으로 지구에 큰 변화가 일어난 시기를 의미합니다.

지구는 빙하기를 거쳐 간빙기에 해당하는 '홀로세'에 도달하면서 비교적 일정한 온실가스로 인해 1℃ 안팎의 기온 변화를 유지하게 되었습니다. 이러한 변화는 동식물이 살아가는 데 풍요로운 환경을 만들 수 있게 도와주었죠. 일정한 기온의 변화로 해수면이 안정되었고 그로 인해 인류는 정착하며 살아갈 수 있게 되었습니다. 기온이 예측 가능해지면서 농사를 짓게 되었고 그 결과 인류는 수가 증가하고 고도의 문명을 일으킬 수 있었습니다. 하지만 산업혁명이 시작되고 지구는 더 이상 풍요로운 환경을 만들 수 없게 되었습니다. 온실가스의 양이 기하급수적으로 늘기 시작했기 때문입니다. 1988년 350ppm이 배출되던 이산화탄소(CO_2)는 2020년 현재 417ppm이 배출되고 있고, 이제 곧 450ppm으로 진입 중에 와 있습니다. 2007년 기후변화정부간협의체(IPCC)가 제시한 대기 중의 이산화탄소 농도의 제한선인 400ppm을 훌쩍 뛰어넘는 수치입니다. 이렇게 늘어난 온실가스로 인해 점점 더워지고 있고 그로 인해 지구는 큰 변화를 겪고 있습니다. 다시 말해 인류는 지구가 약 1만 년 동안 유지해 온 홀로세 기간을 통해 고도의 성장을 할 수 있었지만, 단 70년 만에 인류세라는 또 다른 시대로 변화시키면서 지구를 점점 살기 힘든 환경으로 바꾸고 만 것입니다. 인류세에 접어든 지구는 온실가스로 인해 지구온난화 문제에 직면하였습니다.

그중 가장 심각한 문제는 바로 지구의 양극에 존재하는 빙하가 녹는 것입니다. 매년 빙하는 두께가 얇아지고 면적이 감소하며 양이 줄어들고 있습니다. 먹이를 찾지 못해 뼈만 앙상하게 남은 북극곰을 본 적이 있을 것입니다. 북극곰은 빙하 위에서 먹이 사냥을 하는데 더 이상 사냥을 할 수 있는 빙하가 남아 있지 않아서 먹이를 제대로 찾지 못하고 점점 말라 가고 있었습니다. 어린 북극곰들이 사람 사는 곳까지 내려와 쓰레기통을 뒤지는 모습은 정말 충격이 아닐 수 없습니다. 이뿐만이 아닙니다. 지구온난화로 지구의 양극에 존재하는 영구 빙설인 만년설이 녹고 있습니다. 물론 빙하는 계절의 흐름에 따라 녹고 다시 얼기를 반복합니다. 하지만 만년설은 여름에도 녹지 않고 꽁꽁 얼어 있는 곳입니다.

미국 국립빙설자료센터에서는 미국항공우주국(NASA)의 위성을 통해 캐나다 북극 지역인 엘즈미어섬 헤이즌 고원의 만년설을 관찰하였습니다. 지난 2017년에 센터에서는 온실가스 배출이 줄지 않으면 5년 이내에 만년설이 모두 녹을 것이라고 경고하였는데, 결국 경고는 현실이 되고 말았습니다. 2020년 7월 만년설을 다시 관찰한 결과 이 지역에는 더 이상 만년설을 찾아볼 수가 없었습니다. 만년설과 같이 녹지 않는 영구 빙설은 지구의 기온을 조절하는 데 아주 큰 역할을 합니다. 지구로 들어온 태양에너지의 90% 이상을 반사 시키는 역할을 하고, 그 자체로 냉각 효과를 가져다줍니다. 하지만 이러한 빙하와 빙설이 녹기 시작하면 지구의 자가 냉각 시스템은 제대로 작동할 수 없게 됩니다. 심지어 빙하 속에 얼어 숨겨져 있던 이산화탄소나 메탄과 같은 온실가스가 배출되면서 대기 중의 온실가스양은 더 증가하게 되고 지구온난화는 더욱 빨라집니다.

영국 리즈대학교(University of Leeds) 연구팀에서는 1994년부터 2017년까지 23년간 전 세계에서 약 28조 톤의 빙하가 녹았다고 발표하고 있습니다. 1980년대까지 평균 780만 km^2의 면적이었던 빙하는 2020년에 들어서면서 392만 km^2로, 40년 사이 약 50%가 감소하였습니다. 이 속도라면

▲ 1975년 거대한 빙하로 덮여 있던 엘즈미어섬

2030년 여름에는 북극에 얼음이 거의 남아 있지 않을 것이라는 전망도 나오고 있습니다. 이렇게 빙하와 만년설이 빠른 속도로 녹으면서 세계의 해수면도 점점 상승하고 있습니다. 연구팀에서는 최악의 경우 빙하가 모두 녹아 2070년경에는 전 세계 해수면이 25~30cm가량 높아질 수 있다고 경고했습니다. 특히 북극과 남극 같은 극지방의 지구온난화 속도는 지구 평균 온난화 속도보다 2배 이상 더 빠르다고 알려져 있지요. 시베리아, 알래스카, 캐나다 북부 등 이누이트가 거주하는 지역이 대표적인 지역입니다. 속도가 빠른 이유는 미국항공우주국(NASA)에 따르면 극지방의 환경적 특이점 때문이라고 합니다. 극지방의 빙하와 눈이 녹게 되면서 반사하는 태양에너지의 양이 줄게 되기 때문에 결과적으로 지표와 해수면에 태양에너지가 더 많이 흡수되어 온난화 속도가 가속화된다는 것이지요. 이를 '북극 증폭(Polar amplification)' 현상이라고 합니다.

해수면 상승의 원인은 지구 양극에 존재하는 빙하와 만년설이 녹는 것 이외에 또 다른 이유가 있습니다. 바로 바다가 점점 따뜻해지고 있다는 것입니다. 지구 대기과학 전문지에 실린 내용을 살펴보면 지난 5년은 역대 해수 온도가 가장 높았던 기간이었다고 합니다. 이렇게 바다의 온도가 계속해서 올라가는 이유는 바다가 흡수하는 열에너지가 늘어났기 때문이지요. 바다의 면적은 육지보다 훨씬 클 뿐만 아니라 한번 데워지면 쉽게 식지 않는 성질을 가지고 있기 때문에 바다의 온도가 높아진다는 것은 심각한 문제가 아닐 수 없습니다. 그렇다면 바다는 얼마나 많은 양의 열에너지를 흡수한 것일까요? 1987년부터 2017년까지의 자료를 분석해 보면 지구온난화로 인해 바다에 흡수된 열에너지는 436×10^{21}줄(J)의 양이라고 합니

▲ 얼음층이 녹아 흙이 드러난 그린란드 남부의 누크(Nuuk) 지역

다. 이것이 전 세계 인류가 사용하는 연간 에너지양의 약 1,000배에 이르는 양이라고 하니 얼마나 엄청난 양의 열에너지가 바다에 흡수되고 있는지 상상이 가나요?

이렇게 따뜻해진 바다는 해수면 상승을 일으킵니다. 바로 '열팽창' 때문입니다. '열팽창'이란 온도가 변함에 따라 물체의 모양, 길이, 부피 등이 변하는 현상을 말합니다. 열팽창을 이용한 대표적인 물건이 바로 '온도계'입니다. 온도계 속에 들어 있는 액체의 온도가 올라가면 부피가 팽창하여 눈금이 올라가게 되는 것이죠. 지구온난화로 인해 따뜻해진 바다 역시 '열팽창'으로 해수면이 올라가는 것입니다. 특히 빙하가 녹고 열팽창으로 해수의 부피가 커지면 그 무게에 눌려 있던 육지가 상승하게 되고 이때 밀어 올려진 물이 다른 곳으로 흘러가게 됩니다. 이 물은 빙하가 있는 극지방보다 극에서 멀리 떨어진 곳으로 더 많이 흘러가는데 이 때문에 남태평양과 인도양의 해수면 상승이 더 크게 나타납니다. 결국 해수면이 상승하면 베트남 남부 지역, 태국 방콕, 필리핀 등 전 세계 많은 대도시는 물론 투발루, 몰디브나 네덜란드처럼 저지대 나라들은 물에 잠겨 큰 피해를 입게 됩니다.

지구온난화로 인해 해수면이 상승하고 있는 것만큼 문제가 되는 것이 바로 '해양 산성화'입니다. 흔히 대기 중 이산화탄소의 약 1/4 이상이 해양으로 흡수된다고 합니다. 산업혁명 이후 급격히 증가한 이산화탄소 때문에 해양으로 흡수된 이산화탄소의 양이 늘어났고 그로 인해 해수의 pH가 낮아지게 되었는데 이와 같은 현상을 '해양 산성화(Ocean acidification)'라고 합니다. 보통 우리가 마시는 물의 산성도인 pH7을 기점으로 그 이하

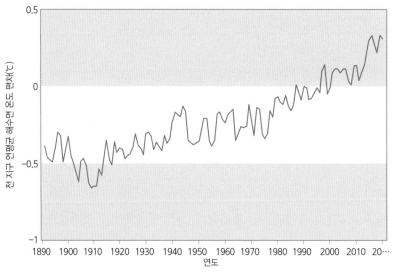

▲ 전 지구의 연평균 해수면 온도 편차 그래프. 해수면 온도는 지구온난화 등의 영향으로 계속하여 상승하고 있다.
출처: 기후정보포털

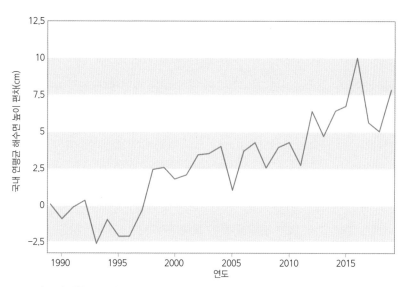

▲ 국내 조위 관측소 21개 지점의 연평균 해수면 높이를 1989년의 해수면 높이 0.0cm 기준으로 변환한 그래프이다. 1989년을 기준으로 점차 상승하고 있음을 알 수 있다.
출처: 기후정보포털

가 되면 산성이라고 합니다. 하지만 바다의 경우 우리가 마시는 물의 산성도보다 낮아질 수 없기 때문에 해수의 염기성이 줄어들고 pH가 감소하여 산성화되는 것이지요. 해양 산성화를 통해 발생하는 현상은 크게 두 가지로 생각해 볼 수 있습니다. 하나는 바다에 용해된 이산화탄소의 증가이고, 다른 하나는 pH의 감소입니다. 이산화탄소가 증가함에 따라 해양생물들의 호흡이 어려워지고 에너지 저장 및 소모 등의 생리에 문제가 일어납니다. 또 pH의 감소로 탄산칼슘 골격을 가진 해양생물의 골격이 녹는다고 합니다. 바다로 흡수된 이산화탄소는 물(H_2O)과 반응하여 중탄산염(HCO_3^-)과 수소이온(H_+)을 만들어 냅니다. 이때 만들어진 수소이온은 탄산칼슘($CaCO_3$) 골격을 만드는 데 필요한 탄산이온(CO_3^{2-})과 반응하여 중

탄산염을 만들지요. 사실 중탄산염의 증가는 큰 문제가 되지 않습니다. 중성에 가깝기 때문입니다. 하지만 중탄산염이 만들어지기 위해 사용되는 탄산이온의 양이 증가했다는 점이 문제가 되는 것입니다. 탄산이온은 해양생물들이 탄산칼슘 골격을 만드는 데 꼭 필요하기 때문입니다. 해수 속 탄산이온의 감소는 탄산칼슘을 골격으로 하는 해양생물들의 석회질 분비를 어렵게 하여 골격 형성에 지장을 주게 됩니다. 우리가 잘 알고 있는 산호, 굴, 게, 바닷가재뿐만 아니라 식물성 플랑크톤 등에도 영향을 미쳐 장기적으로 봤을 때 해양 생태계에 큰 피해를 끼치게 됩니다. 지금 해양 산성화는 산업혁명 이후 약 250년 동안 pH가 0.1 정도 낮아진 상태라고 합

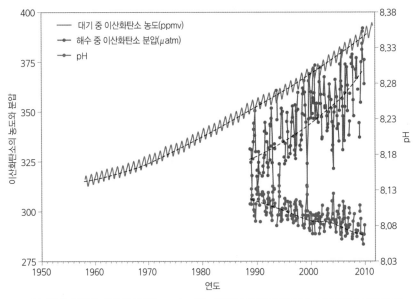

▲ 북태평양 하와이 마우나로아(Mauna Loa)와 하와이 근해 알로하(Aloha) 정점에서 관측된 대기 및 해수의 이산화탄소 농도와 해수 pH의 시계열 자료(2009). 점점 산성화되고 있는 모습을 볼 수 있다.
출처: 한국해양과학기술원

성게

굴

산호

바닷가재

▲ 해양 산성화로 심각한 영향을 받게 될 것으로 예상되는 대표적 탄산칼슘 골격 형성 생물군

니다. 현재와 같은 속도로 산성화가 진행된다면 몇 세기 안으로 산호는 모두 사라지고 바다는 탄산칼슘 골격을 지닌 대부분의 해양생물이 살기 힘든 환경이 될 것입니다.

3. 햄버거 고기 한 장과 맞바꾼 1.5평의 숲

그 많은 햄버거 속의 소고기는 어디서 왔을까?

최근 외국의 한 유명 셰프가 한국에 직접 문을 연 햄버거 가게에 관심이 높습니다. 가장 저렴한 햄버거가 2만 원을 넘고 가장 비싼 햄버거는 14만 원이나 한다는데 먹고 싶어도 예약을 할 수 없어 못 먹을 지경이라고 하니 놀랍기만 합니다. 햄버거는 저렴한 가격으로 가볍게 한 끼를 해결할 수 있는 음식 가운데 하나였는데 이제 가벼운 식사 한 끼로 먹을 수 있는 음식이 아닌 것 같습니다. 그런데도 햄버거는 전 세계 120여 개국에서 판매가 되고, 매일 전 세계인의 1%가 먹는 음식이라고 합니다. 다시 말해 75억 명 중 1%인 7,500만 명, 우리나라 전체 인구의 수보다도 많은 사람이 매일 햄버거를 먹고 있다는 말입니다. 우리나라뿐만 아니라 전 세계적으로 햄버거의 인기는 높습니다. 소고기와 각종 채소 그리고 빵으로 이루어져 영양가가 높고 포만감을 주는 음식이기 때문입니다. 맛은 말할 것도 없지요. 하지만 이렇게 맛있고 누구나 좋아하는 햄버거에는 불편한 진실이 숨어 있다는 사실을 많은 사람이 알지 못합니다. 불편한 진실이란 무엇일까요? 우리는 스스로 이런 질문을 던져 봐야 할 것입니다.

"그렇다면 햄버거에 들어가는 그 많은 양의 소고기는 어디서 왔을까?"

아주 간단하고 원초적으로 생각을 해 봅시다. 햄버거에 들어가는 소고기를 얻기 위해서는 소를 키워야 합니다. 소를 키우기 위해서 가장 먼저 해야 할 일은 목초지를 만드는 것이지요. 풀을 뜯어 먹으며 자라는 소를 기르기 위해 산에 있는 나무를 베고 태워 목초지를 만들어야 합니다. 목초지를 만드는 동안 지구의 공기를 정화 시키고 온도를 낮춰 주던 숲은 점점 사라지게 됩니다. 햄버거 한 개 때문에 사라지는 숲의 평균이 1.5평(5m²)이라고 합니다. 대기 중의 이산화탄소와 메탄을 흡수하여 산소로 정화 시켜 주는 역할을 하는 숲이 줄어드니 지구의 기온은 계속해서 상승하게 되지요. 심지어 소와 같은 반추동물이 하는 되새김질을 통해 배출되는 메탄가스 역시 지구의 기온을 상승시키는 데 큰 역할을 합니다. 이렇게 배출된 메탄가스는 우리나라 메탄가스 배출량의 10%를 차지한다고 하니 가볍게 넘길 문제가 아닙니다. 마지막으로 우리가 생각해야 할 불편한 진실은 바로 소가 먹는 곡식입니다. 우리가 1인분의 고기와 한 잔의 우유를 얻기 위해서 소에게 먹여야 하는 곡식의 양은 22인분과 물 2000ℓ라고 합니다. 그러나 지구 반대편의 사람들은 한 끼의 식사도 제대로 하지 못하여 영양실조에 걸리거나 물을 얻기 위해 수십 km를 걸어야 하지요. 그마저도 더러운 물을 먹어 병에 걸리고 죽는 일이 허다합니다. 그럼에도 불구하고 한

햄버거를 만들기 위해서

소를 키운다.

숲의 나무를 베고 태워 목초지를 만든다.

지구의 온도가 상승한다.

▲ 햄버거 커넥션

끼의 풍성한 식사를 위해 22인분에 해당하는 곡식과 2000ℓ에 해당하는 물을 사용하는 것이 과연 올바른지 돌아볼 필요가 있습니다.

지구를 살리는 길, 건강한 토양만이 정답

아프리카 세렝게티의 6월은 물소(버팔로) 떼의 대이동으로 장관을 이룹니다. 마실 물과 풀을 찾아 수천 마리의 물소 떼가 케냐 마사이마라로 이동하는데 당연히 먹이사슬 관계에 있는 육식 동물들도 함께 이동하기 때문에 야생동물의 대이동을 볼 수 있어 아프리카 여행의 최적기라고 불리

▲ 비육장 vs 방목장

기도 합니다. 물소는 발굽으로 땅을 밟으며 대이동을 하는데 이런 동작이 대기 중의 탄소를 땅에 집어넣는 역할을 한다고 합니다. 그렇게 땅속에 탄소를 밀어 넣고 1년 동안 돌아오지 않으면 초원은 원래의 모습으로 회복하게 됩니다. 여기서 우리가 알 수 있는 사실은 바로 땅이 탄소를 잡아 두는 능력이 있다는 것입니다. 이 말은 반대로 땅이 병들면 땅속에 자리하던 탄소가 밖으로 빠져나가게 되어 온실가스의 양이 늘어나게 된다는 뜻이지요.

앞서 햄버거 커넥션에서 살펴봤듯이 소나 돼지 같은 가축을 기르기 위해 사람들은 숲을 훼손시켜 목초지를 만듭니다. 이렇게 만들어진 목초지는 탄소를 잡아 두는 땅의 제 기능을 하지 못합니다. 사실 가축을 기르는 것은 인간에게 아주 중요한 일입니다. 인간은 야생동물보다 상대적으로 환경에 취약하기 때문입니다. 무조건 지구온난화를 막기 위해 '고기를 먹지 말고 가축을 기르지 말자'라고 하는 것은 현실성이 떨어집니다. 따라서 최대한 지구를 위한 방법이 무엇인지 고민을 해야 합니다. 그리고 그 방법 중 하나가 바로 '비육장'이 아닌 '방목장'에서 가축을 기르는 것입니다. 방목장은 말 그대로 가축을 방목하며 키우는 곳이지요. 풀과 나무를 베어 버리는 것이 아니라 가축들이 그곳에 있는 풀을 뜯어 먹고 자랄 수 있게 장소를 제공하고 키웁니다. 탄소 배출이 이루어지는 비육장과는 달리 방목장에서는 탄소를 저장할 수 있지요. 가축들이 어느 정도 풀을 뜯어 먹고 나면 다음 방목장으로 이동을 하고, 제 할 일을 끝마친 방목장은 회복을 위해 시간을 가질 수 있습니다. 아프리카의 물소 떼가 대이동을 하고 난 이후의 초원처럼 말입니다.

최근 유엔의 발표에 따르면 현재 지구상에 남아 있는 땅이 60년 안에 사막화가 될 것이라고 합니다. 토양이 사막으로 변화하면서 매년 4,000만 명이 삶을 터전을 잃고 있고 2050년까지 10억 명의 인구가 난민이 될 것이라는 무서운 예상도 하고 있습니다. 사막화가 된 땅은 더 춥고 더 더워질 것입니다. 강수량의 60%는 바다에서 이루어지지만 40%는 바로 땅에서 이루어지기 때문입니다. 땅에 존재하는 풀과 나무로부터 증산작용을 하여 대기의 습도가 올라가고 그로 인해 비가 내리게 됩니다. 물론 바다에서 이루어지는 대기의 대순환에 비하면 미치는 영향이 적다고 볼 수 있지만 40%라는 양이 무조건 작다고만은 볼 수 없는 수치이기 때문에 토양의 사막화는 심각한 문제가 되고 있습니다. 결국 정답은 건강한 토양에 있습니다.

4. 패스트 패션은 정말 값싼 패션일까요?

유행을 선도하는 패스트 패션의 탄소 발자국

칠레 북부 아타카마 사막이 형형색색 옷더미로 뒤덮여 쓰레기 산으로 변해 가고 있습니다. 사실 오래전부터 칠레는 중고나 팔리지 않은 옷들을 모아 다른 지역으로 판매하는 중간 역할을 해 왔습니다. 매년 칠레로 들어오는 옷만 해도 무려 5만 9,000톤에 육박하고, 그 가운데 3만 9,000톤이 아타카마 사막에 버려진다고 하니 쓰레기 산으로 변해 버린 모습이 당연한 것일지도 모르겠습니다. 한번 옷을 사면 몇 년 동안 입던 시대는 지났습니다. 빠르게 변화하는 유행 속에서 사람들은 옷을 몇 번밖에 입지 않은 채 새로운 옷을 원합니다. 기업은 이런 소비자의 심리에 맞춰 저렴하고 빠르게 옷을 제공합니다. 이것이 바로 '패스트 패션(Fast Fashion)'입니다. 패스트 패션은 지난 15년 동안 약 2배나 증가하였습니다. 2050년까지 세계

▲ 버려진 옷이 산처럼 쌓여 있는 아타카마 사막

GDP가 400% 증가한다면 옷에 대한 수요는 그에 맞춰 더욱 증가할 것입니다. 하지만 우리는 경제적인 측면에서만 생각해서는 안 됩니다. 사실 패스트 패션은 지구온난화에 큰 영향을 끼치고 있기 때문입니다.

옷 한 벌을 만들기 위해 어떤 과정을 거치는지 생각해 봅시다. 우선 옷 한 벌을 만들 때 필요한 물의 양은 약 2,700ℓ라고 합니다. 2,700ℓ는 성인이 충분한 양으로 물을 마실 경우 2년 6개월 정도 마실 수 있는 양입니다. 이렇게 사용되는 폐수의 양이 전 세계 배출량의 20%를 차지합니다. 또 패스트 패션의 특성상 저렴하고 빠르게 제공하기 위해 합성섬유를 사용하여 옷을 만들게 됩니다. 우리가 잘 알고 있는 나일론이나 아크릴과 같은 것들이 바로 그것이죠. 합성섬유는 플라스틱과 기본 구조가 비슷하기 때문에 생분해되기 어렵다는 특징이 있습니다. 섬유 덩어리에서 빠져나온 화학물질은 토양이나 지하수를 오염시키기도 하고, 합성섬유가 썩으며 배출되는 이산화탄소(CO_2)나 메탄(CH_4), 암모니아(NH_3) 등의 온실가스는 지구온난화를 가속시킬 것입니다. 패스트 패션의 특성상 빠르고 많은 양의 옷을 만들어야 하기 때문에 많은 기업에서는 중국이나 인도에 공장을 짓고 옷을 만들어 냅니다. 중국이나 인도는 대부분 화석에서 연료를 얻기 때문에 공장을 가동하며 사용하는 화석에너지의 양은 엄청나게 많습니다. 대략 연간 120억 톤이라고 하는데 이는 전 세계 탄소배출량의 10%에 이르는 양으로 결코 적은 양이 아닙니다. 천연자원보호협의회(NRDC)에서는 세계 의류의 50%를 생산하고 있는 중국에서 매년 석탄을 태워 약 30억 톤의 그을음을 배출하고 있다고 밝혔습니다. 심지어 많은 기업이 버려지는 옷들을 재활용하기는커녕 브랜드의 가치를 위해 소각한다고 하니

고기 없는 월요일을 알고 있나요?

'고기 없는 월요일'이란 영국의 유명 팝 밴드 비틀스의 멤버인 폴 매카트니가 공장식 축산업으로 고통받고 있는 동물들, 지구온난화를 비롯한 환경 문제 등을 이유로 매주 월요일은 고기 없는 식사를 하자고 제안한 캠페인입니다. 이 캠페인은 실제로 캠페인을 실천하고 있는 시민 단체의 이름이기도 하는데, 비영리 시민 단체 고기 없는 월요일은 '일주일 중 하루면 세계를 변화시킬 수 있다'라는 슬로건을 내걸고 전 세계에서 활동 중입니다. 우리나라는 2010년 '한국 고기 없는 월요일(Meat Free Monday Korea)'이라는 단체가 설립되어 활동 중이라고 합니다.
예를 들어 한 회사의 직원 1,800명이 주 1회 1년 채식을 한다고 했을 때 30년산 소나무 7만 그루를 심는 효과와 맞먹는 온실가스 감축효과를 누릴 수 있다고 합니다. 이러한 이유로 요즘 이곳저곳에서 건강과 환경을 위해 채식을 하려는 사람들이 늘고 있습니다. 서울시 교육청에서도 2021년부터 초중고 모든 학교에서 매달 2회 채식으로 식단이 구성된 '그린 급식의 날'을 운영할 수 있게 한다고 하였습니다. 이와 같은 채식 급식을 도입하는 학교가 전국적으로 늘고 있습니다.

그로 인해 배출되는 온실가스가 매년 늘어날 수밖에 없는 실정입니다. 패스트 패션은 단기적으로 바라봤을 때 가정의 경제에 도움이 되는 물건임이 틀림없습니다. 하지만 패스트패션으로 병이 든 지구를 되돌리기 위해선 많은 비용이 든다는 것 또한 의심할 여지가 없는 사실이지요. 그렇다면 과연 지금 당장의 이익을 위해 패스트패션을 소모하는 것이 값싼 소비라고 할 수 있을까요? 우리는 쉽게 '네'라고 대답하지 못할 것입니다.

지금 지구에서는
어떤 일이 일어나나요?

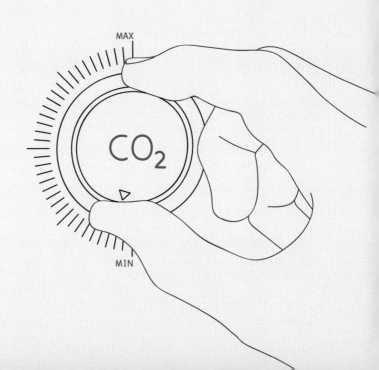

1. 지구에서 벌어지고 있는 일들

인류에게 하나뿐인 지구가 은하계에 모습을 드러낸 지 약 46억 년이 흐르는 동안 지구는 내적 요인이나 외적 요인에 의해 많은 환경 변화를 겪었습니다. 그러한 환경 변화 속에서도 지구가 버틸 수 있었던 것은 인간이 각종 질병에 면역력이 생겨 스스로 이겨 내듯이, 지구도 자정작용을 통해 다시 원래의 상태로 돌아왔기 때문입니다. 그러나 18세기 후반 산업혁명에서부터 21세기에 이르는 300년도 지나지 않은 기간 동안 인간의 지나친 탐욕은 지구가 스스로 정화하고 버틸 수 있는 마지노선까지 몰아가고 있습니다. 지금 지구는 환경적 재앙을 통해 인류에게 끊임없이 신호를 보내고 있고, 더 이상 이러한 인간의 욕망이 지속된다면 지구라는 행성은 회복할 수 없는 지경에 이르게 될 것이라고 경고장을 보내고 있습니다.

대한민국 헌법 10조를 보면 '모든 국민은 인간으로서의 존엄과 가치를 가지며 행복을 추구할 권리를 가진다'라고 되어 있습니다. 인간에게 행복을 추구하는 권리가 있음을 최초로 주장한 인물은 벤저민 프랭클린과 토머스 제퍼슨입니다. 이들이 주장한 행복 추구권은 18세기 이후 프랑스대혁명을 비롯한 세상의 변화에 많은 영향을 미쳤고, 우리나라 헌법에도 명기되어 있듯이 지금도 유효합니다. 동물에게도 행복을 주어야 한다는 운동으로 1970년대부터 시작된 동물해방 운동은 2002년 동물권 행동 단체인 '카라(KARA)'가 만들어지기까지 많은 변화가 있었습니다. 카라는 동물이 착취와 이용의 대상이 아닌, 존엄한 생명으로서 본연의 삶을 영위하는 존재임을 세상에 알리고 있습니다. 인간과 동물이 서로 조화롭게 어울릴 수 있도록 공존 모델을 제시하며 동물의 행복을 추구하고 있지요.

그렇다면 인간과 동물에게 행복 추구권을 주듯 이제는 지구에게도 행복을 추구할 권리를 부여해 주면 어떨까요? 인류와 동식물에게 지구는 생존의 기반입니다. 지구가 아프지 않도록 좀 더 세심한 배려를 해야 위기에 처한 지구를 구하는 골든타임을 놓치지 않을 것입니다. 지구가 보내는 '옐로카드'를 좀 더 심각한 시선으로 무겁게 받아들인다면 가능성은 충분하다고 생각합니다. 1980년대 지구환경 문제를 심각하게 인식하기 시작하면서 1992년 유엔에서는 기후변화협약을 체결하여 조금씩 앞으로 나아가고 있었지만, 각 나라의 산업과 경제에 미치는 영향 때문에 좀처럼 속도를 내지 못하고 있었습니다. 최근에는 각국의 이해관계가 첨예하게 대립하고 있어 좀 더 강력한 조건으로 협약을 맺었고, 세계 굴지의 거대기업들도 지구환경 문제의 심각성을 고려해 자발적으로 RE100(Renewable Energy 100%) 협약을 맺어 2050년까지 재생에너지 100%를 사용하여 제품을 생산하자는 캠페인을 벌이고 있습니다.

지구에 존재하는 모든 생명체가 행복해지기 위해서는 우선 '지구의 행복'이 필요합니다. 지구가 인간의 탐욕으로 깊은 내홍(이미 상당한 내홍을 입었지만)을 지속적으로 입어 임계치를 넘어선다면, 지구는 더 이상 견디지 못하고 인류에게 공멸의 '레드카드'를 내밀게 될지도 모릅니다. 조금은 늦었지만 지금이라도 인간이 추구했던 탐욕의 시대를 접고 지구를 위하는 방향으로의 대전환이 필요한 시점입니다.

이번 장에서는 홍역에 걸린 듯 끙끙 앓고 있는 지구의 오늘을 살펴보겠습니다. 지구가 고통을 호소하며 보내는 신호가 무엇인지, 어떻게 대처하는 것이 하나뿐인 지구를 살리는 길이며, 나아가 지구라는 '텃밭'에서 인류와 공생하는 모든 생명체에게 행복한 길인지 찾아보겠습니다.

2. 각종 재해로 지구가 힘들어해요

폭염

폭염은 인간의 신체가 견디기 힘든 매우 심한 더위를 얘기합니다. 우리나라 기상청은 여름철 일최고 기온이 33℃ 이상인 상태가 2일 이상 지속되면 폭염주의보를 발령하고, 폭염경보는 일최고 기온이 35℃ 이상인 상태가 2일 이상 지속될 때 발령합니다. 인간의 신체는 30℃ 이상의 기온이 계속되거나 열대야인 밤 기온이 25℃ 이상 장기간 계속되면 온열질환에 노출될 수 있습니다. 건강한 사람은 큰 문제 없이 이겨 낼 수 있지만 65세 이상 노인이나 5세 이하의 어린이를 비롯한 만성질환자는 폭염이나 열대야에 취약하므로 각별한 주의가 필요합니다. 문제는 지구의 기온이 꾸준히 오르고 있고 21세기 말에는 지구 평균기온이 지금보다 1~6℃ 이상 증가할 수 있다고 합니다. 평균기온의 상승은 그만큼 여름철 폭염 일수가 늘어날 수 있고 우리의 건강을 위협할 수 있습니다.

지구에서 열사(熱沙)의 지역으로 널리 알려진 중동 지역의 경우 여름철 기온이 50°C를 넘는 날이 지속적으로 늘고 있습니다. 중동 지역에서는 과거에 농사를 지었던 곳이 고온으로 인해 갈수록 작물을 재배할 수 없는 '불모의 땅'이 되어 가고 있습니다. 이러한 살인적인 더위는 중동에만 국한된 것이 아닙니다. 최근에는 미국 캐나다 이탈리아 등 세계 곳곳이 여름철 50°C에 가까운 폭염에 시달리고 있습니다. 폭염이 일시적 현상이 아니라 지속적으로 반복되고, 폭염 일수가 계속 증가하고 있다는 것에 문제가 있습니다. 어쩌다 발생하는 일시적 현상이라면 그때만 잘 넘기면 되지만, 지속적이고 반복적으로 찾아온다면 미리 대비하지 않으면 엄청난 재산과 인명피해가 발생할 것입니다.

기후 변화의 이러한 위험요인을 인간은 기술 발전의 기회요인으로 활용하고 있습니다. 다양한 기술개발을 통해 인간이 살아가는 최적의 환경을 만들어 현재까지는 환경적 재앙을 최소화하고 있습니다. 그러나 동식물이 변화하는 환경에 적응하기 위해서는 이동과 진화라는 방법밖에 없습니다. 더구나 이동은 동물에게도 커다란 스트레스지만 식물에게는 거의 불가능한 문제입니다. 결국 지구상에 존재하는 동식물이 생존하기 위해서는 진화할 시간을 충분히 줘야 하는데, 현실은 너무 빠르게 진행되는 기후 변화로 동식물이 대처할 시간이 없습니다. 일반적으로 동식물의 진화는 수천 년이 걸립니다. 지금의 급속한 온난화는 그들에게 진화할 시간을 주지 않으므로, 대처할 시간도 없이 곧바로 생존의 위협을 받는 상황에 놓일 수 있습니다. 그동안 지구의 역사에도 많은 온도 변화가 있었습니다.

그중 동식물의 90%가 멸종한 사례가 2억 5천만 년 전에 있었고, 당시에도 급격한 온실효과의 영향으로 보입니다.

그렇다면 왜 이렇게 지구는 뜨거워지고 있는 걸까요? 지구가 열병을 앓 듯 뜨거워지는 이유 중에서 가장 큰 부분을 차지하는 것은 화석연료의 사용입니다. 석유와 석탄 등 화석연료를 사용하면 이산화탄소가 발생하고, 발생한 대량의 이산화탄소는 대기 중으로 흩어져 열을 흡수하여 온실효과를 일으킵니다. 방출해야 할 열을 이산화탄소가 우주 밖으로 나가지 못하게 붙잡아 두면서 지구가 비닐하우스 내부처럼 더워지는 것입니다. 지구의 아픔을 해소하기 위해서는 지구와 더불어 살아가는 인류 개개인이 욕망을 억제하고 착한 소비를 해야 합니다. 지나친 육류 소비나 화학제품 및 캐시미어 등 지구에 부담되는 모든 탄소 발생 제품의 사용을 줄이는 것이지요.

한파와 폭설

2021년 1월 북극 한파의 한 축이 밀려들어 우리나라 전국 대부분 지역에서 강추위가 이어졌습니다. 뉴스에서는 겨울 한파의 원인으로 지구온난화를 지목하며 한파 이야기로 가득했습니다. 뉴스를 보면서 '지구 온도가 올라간다면 겨울철 기온도 올라가야 하는데 왜 더 추워질까'라는 생각을 한 번쯤은 하지 않았나요?

2021년 1월 8일 서울의 아침 기온은 20년 만에 가장 추운 영하 18.6℃로 기록되었습니다. 또한 2022년 봄의 시작을 준비하고 있는 2월 중순에도

▲ 한파 주의보 발효 조건: 10~4월에 다음 중 하나에 해당
① 아침 최저 기온이 전날보다 10℃ 이상 떨어져서 평년 기온보다 3℃가 낮을 것으로 예상될 때
② 아침 최저 기온이 영하 12℃ 이하로 2일 이상 계속될 것으로 예상될 때
③ 급격한 저온 현상으로 중대한 피해가 예상될 때

영하 10℃ 안팎의 한파가 찾아왔습니다. 한파와 폭설은 한반도에서만 일어나는 현상은 아닙니다. 스페인 마드리드에는 50cm 이상의 눈이 내리면서 1971년 이후 50년 만의 최대 적설량을 기록했고, 온난한 지역인 미국의 중남부 지역에서도 유례없는 강추위로 상상을 초월하는 피해를 입었습니다.

CNN방송은 2021년 2월 16일(현지 시간) 미국 국립해양대기관리국(NOAA) 분석 자료를 인용해 기록적인 겨울 폭풍으로 인한 한파로 미국 본토 48개 주(州) 전체 면적 가운데 73%가 눈으로 덮였고, 한파로 숨진 사람은 최소 15명에 달한다고 보도했습니다. 미 기상청은 북부의 메인주에서 남부의 텍사스주까지 25개 주에 겨울 폭풍 경보 등을 발령했으며, 최소 1억 5천만 명이 한파의 피해를 받을 것으로 예보했습니다. 또한 기록적인 한파로 전력 소비가 폭증하면서 텍사스주에서는 260만 가구를 대상으로 순환 정전을 진행했습니다.

연방정부와 학교 등 주요 기관 그리고 월마트, GM과 포드 등 기업들은 줄줄이 문을 닫았습니다. 웨스트버지니아, 오리건, 버지니아 등 18개 주 550만 가구의 전기와 수도가 끊겼으며, 항공기가 결항하는 등 한파로 인하여 미국의 피해 규모는 1조 1,020억 원 정도라고 발표했습니다. 이처럼 한파와 폭설로 극심한 피해를 겪는 이유는 무엇일까요?

전 세계에 한파와 폭설같이 심각한 기후 변화가 발생하는 이유는 북극의 온난화 영향 때문입니다. 지구온난화로 북극 기온이 상승하게 되면 북극 상공에 있는 저기압이 약화되면서 제트기류가 느슨해집니다. 북극에 있던 찬 공기가 약한 지역으로 내려오게 되고, 찬 공기가 내려온 지역은 갑자기 추워지는 한파가 찾아오게 되지요. 반대로 제트기류 남쪽에 있던 따뜻한 공기가 제트기류의 일부분을 밀어 올리면 한겨울에도 봄꽃이 피는 아이러니한 날씨를 경험할 수 있습니다.

제트기류는 중위도 지역이 따뜻하고 북극 지역이 차가울 때 만들어지는데, 이때 따뜻한 공기와 차가운 공기가 만나 대류가 활발해지면서 제트기류도 강해집니다. 하지만 지구온난화가 점점 심해지면서 바닷물의 수온이 올라가고 북극에 있는 빙하가 녹으면서 북극 지역과 중위도 지역의 온도 차가 줄어드는 거죠. 이러한 현상에 대해 극지연구소에 근무했던 김백민 부경대 교수는 '커튼 이펙트'라고 했습니다. 즉 지구온난화로 바닷물 속

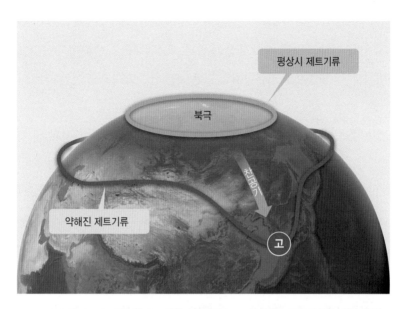

평상시 제트기류

북극

약해진 제트기류

찬공기

고

▲ 느슨해진 제트기류로 찾아온 한파와 폭설

열을 가두고 있던 바다 얼음이 사라져 북극해 상공으로 열이 방출되고, 방출된 열은 기압을 바꿔 강하게 불고 있던 제트기류를 느슨하게 만든다는 것입니다. 이 영향으로 커튼콜처럼 어떤 때는 한반도 쪽으로 어떤 때는 미국 북동부 쪽으로 느슨해지면서 한파와 폭설이 집중됩니다.

결국 북극 한기가 내려오는 지역은 한파로 꽁꽁 얼어붙지만, 그 주변 지역은 따뜻한 기류가 북상하면서 기온이 올라가 봄 같은 겨울을 보낼 수 있습니다. 기상청의 분석에 따르면 북극의 기온이 올라 해빙이 많이 녹았던 2009년, 2010년, 2012년에는 예측대로 한파가 발생했었지만, 북극의 해빙이 줄지 않았던 2013년 겨울에는 평년 대비 따뜻한 겨울이었습니다. 다른 영향도 배제할 수는 없지만, 현재로서는 2020년과 2021년 미국 텍사스주와 우리나라를 강타한 한파와 폭설의 원인을 북극의 온난화 현상에서 찾을 수 있습니다.

또 다른 원인으로는 춥고 건조한 겨울을 예상할 수 있도록 신호를 보내는 라니냐 현상입니다. 기후 변화로 인해 비정상적인 바람의 흐름이 발생해 바닷물이 차가워지는 현상인 라니냐는 바닷물의 온도 변화에만 간섭하는 것이 아니라 해양과 대기의 흐름을 변화시켜 기후 현상 전반에 영향을 미치고 있습니다. 라니냐가 발생하면 그해 겨울에는 우리나라 역시 영향을 받아 추운 겨울이 될 것이라고 예상하기도 합니다. 1980년 이후 라니냐는 총 아홉 회 발생하였고 겨울 평균기온을 확인해 보면 여섯 번이나 평년 기온보다 낮았다는 것을 알 수 있습니다. 전 세계에 몰아닥친 겨울 한파는 라니냐와 북극의 온난화의 복합적 영향이 더해져서 발생했다고 볼 수 있지요.

홍수와 산불

중동의 화약고 하면 떠오르는 것이 이스라엘과 팔레스타인 사이의 전쟁입니다. 중동전쟁의 출발점은 제2차 세계대전이 끝나고 새로운 세계질서가 구축되는 과정인 1947년 유엔총회 결의에서 시작됩니다. 지금으로부터 76년 전에 유엔은 "팔레스타인 영토의 56%를 유대인에게 주고, 예루살렘과 베들레헴은 국제 관리지구로 지정하고, 나머지 43%는 아랍 민족에게 배분한다"고 발표합니다. 세계평화와 안전을 보장하고 국제협력을 증진하기 위해 설립된 유엔의 당시 결정은 평화와는 거리가 먼 '참극의 씨앗'이었습니다.

중동은 76년 동안 전쟁으로 수많은 사상자가 발생하고, 주변의 민족과 국가가 전쟁의 소용돌이 속으로 빨려들어 갔습니다. 그럼에도 아직 끝나지 않은 전쟁과 아물지 않은 상처는 현재 진행형입니다. 만약 현재의 중동사태를 알고 있는 상황에서 다시 그 시절(1947년)로 돌아가 유엔이 결의한다면 동일한 결정을 내렸을지는 의문입니다. 당시에도 논의과정에서 십자군 전쟁처럼 종교나 민족분쟁 또는 동서양의 자존심을 건 싸움이 이어질 것이라고 예견한 사람들도 있었을 것입니다. 그러나 강대국 중심주의와 힘의 논리를 무시할 수 없는 국제질서에서 정당성보다 당위성이 우선순위에 놓일 수밖에 없고, 많은 인간이 모여 결론을 내려도 때로는 심각한 오류에 빠지거나 균형을 잃은 결정을 하기도 합니다.

중동사태와 같이 지금의 기후 위기 문제에서도 세계인의 시선은 엇박자를 내고 있고, 적지 않은 갈등과 반목이 있습니다. 기후 문제를 바라보는 각국의 시선은 자국 우선주의가 팽배한 지구촌 현실을 그대로 반영하고 있지요. 이러한 갈등과 반목 속에, 기울어진 운동장에서 경기하듯, 약소국을 무시하고 힘의 논리로 밀어붙이거나 정치·경제적 유불리에 따른 선택을 할 경우 자칫 1947년 유엔 결의 같은 화근으로 남을 수 있습니다.

현재 개발도상국들은 "기후 위기는 선진국이 초래하고 책임은 후진국이나 개발도상국에 전가한다"라고 목소리를 높이고 있습니다. 반면 G7 선진국에서 기업과 결탁한 일부 정치세력은 "이산화탄소가 늘어나고 지구의 평균기온이 올라가는 것은 과거에도 있었던 일이며, 지구의 자연스러운 순환 현상"이라며 '체리피커' 같은 주장을 하고 있습니다. 그나마 다행인 것은 2015년 195개국이 참여한 파리기후협약에서 '파리협정'을 의결함으로써 지구촌 많은 나라들이 기후 위기의 심각성을 받아들이게 되었다는 사실입니다. 협의 과정에서 선진국들은 개발도상국을 비롯한 저개발국가에게 1947년과 달리 '채찍'보다는 '당근'을 제공하고, 그동안 경제개발과 산업화를 통해 얻었던 과실을 나눔으로써 공생·공존하는 길을 선택했습니다. 인류의 생존과 기후 위기를 극복하기 위해 파리협정에서 제시한 목표는 산업혁명 이전 온도에 비해 2℃ 이상 오르지 않도록 하는 것이며, 최종 목표는 1.5℃ 이하로 만드는 것입니다.

인간의 체온은 36.5℃가 평균입니다. 체온보다 2℃가 높은 38.5℃에 이르면 고열이라고 합니다. 고열은 평균 체온보다 2℃밖에 높지 않지만 오한, 발열, 어지러움으로 일상을 어렵게 하지요. 2℃라는 작은 온도 차이가 인간에게 치명적인 상태를 만들 듯 지구도 동일합니다.

21세기 이후 매스컴에서 지구촌 기후 소식을 다룰 때 매서운 한파, 폭설, 물 폭탄, 초대형 산불 등 다소 과격하거나 과장되어 보이지만, 보는 이에게 위기감이나 경각심을 느낄 수 있게 해 주는 제목을 심심치 않게 목격하게 됩니다. 어찌 보면 잦은 기상이변으로 인해 제한된 지역에 막대한 재산과 인명피해를 주는 기후 재앙 뉴스가 일상이 되었는지도 모릅니다. 최근 몇 년간 뉴스에 나오는 기상이변에 관한 것을 여기에 열거한다면 공간이 부족할 정도로 많을 것입니다. 계속해서 기록을 갈아 치우는 초대형 홍수와 초대형 산불 등 모든 것이 '1℃의 과학'에 있는지도 모르지요.

　온난화로 인해 기온이 오르면 바다와 땅의 수분이 점점 빠르게 증발합니다. 기온이 1℃ 오르면 대기는 수분을 6% 더 흡수할 수 있기 때문입니다. 평소에 비해 더 많은 수분을 가진 비가 내리면 '물 폭탄'으로 인해 홍수가 발생하게 되고, 비가 내리지 않는 건조한 지역은 고온으로 인해 수분 증발이 더 가속화되고 땅과 초목이 바싹 마르게 됩니다. 폭염으로 건조해진 산은 작은 불씨에도 걷잡을 수 없이 불이 확산해 대형 산불로 번지고, 삭정이와 말라 버린 고목을 태우는 불길은 쉽게 진화되지도 않습니다. 이같은 최악의 기상 상황은 인간이 만든 기후 변화를 견디지 못한 지구가 인간에게 보내는 경고메시지, 즉 '기후의 역습'으로 보아야 할 것입니다. 극단으로 치닫고 롤러코스터처럼 변화하는 기후를 안정화하는 방법은 모든 인류가 지구의 평균기온을 낮추기 위해 작은 것부터 실천하며 함께 노력하는 것뿐입니다. 지금 지구가 보내는 신호를 외면하면 인류에게 남는 건 재앙뿐입니다.

3. 서식지가 바뀌고 있는 동식물을
   구해 주세요

 지구의 기후대는 크게 세 가지로 구분합니다. 열대기후는 적도에서 23.3°, 온대기후는 23.3~66.3°, 한대기후는 66.3°에서 극지방까지로 위도에 따른 분류입니다. 좀 더 기후를 세분화해서 기온에 따른 식생 분포와 강수량 등을 포함하여 건조기후와 냉대기후, 고산기후 등 6단계로 분류하기도 합니다. 큰 분류로 보면 우리나라는 온대기후에 속합니다. 그러나 지구온난화가 가속화되면서 우리나라의 기후는 온대에서 아열대(亞熱帶)화하고 있습니다.

 아열대기후는 북반구를 기준으로 보면 북회귀선에 형성된 기후로 열대와 온대의 기후가 복합적으로 나타나는 것으로, 동고서저형인 우리나라는 위치에 따라 대륙 서안은 건조기후가 나타나고 동안은 습윤기후가 나타납니다. 우리나라의 기후가 아열대로 바뀌고 있다는 것은 우리나라에 서식했던 온대성 식물들이 생장하기 어려운 환경이 되고 아열대 식물들이 생장하기 좋은 환경이 된다는 것을 의미합니다. 이것은 식물에만 국한된 것이 아니라 한반도 육지와 바다에서 살아가고 있는 생물들에도 영향을 미치지요.

2000년대로 넘어서면서 우리나라는 아열대 곤충들로부터 산림 피해가 조금씩 늘어나고 있습니다. 최근에는 아열대기후에 서식하는 갈색날개매미충과 열대거세미나방 및 미국선녀벌레가 우리나라 산림을 비롯한 농작물과 과수농가에 막대한 피해를 주고 있고, 먹노린재도 벼농사에 적지 않은 타격을 주고 있습니다. 또한 친환경 농법으로 큰 각광을 받던 우렁이 농법이 겨울철 기온 상승으로 개체 수가 과도하게 증가하면서 논의 잡초를 제거하는 목적을 넘어 모내기를 마친 모까지 갉아먹은 사례가 있습니다.

바다의 경우 한류성 어종은 점차 자취를 감춰 가고 수온이 높고 염분이 많은 바닷물에서 생존하는 난류성 어종이 우리나라 연안에 자리 잡는 것도 온난화 때문입니다. 대표적인 한류성 어종인 명태 어획량은 1990년대 10만 톤을 넘었으나 지금의 명태 어획량은 2~3톤에 불과합니다. 동해안의 대표적인 수산자원이고 어민들 생업에 중요한 수입원이었던 도루묵과 곰치도 어획량이 급속도로 감소하고 있습니다. 반대로 난류성 어종인 고등어, 멸치, 오징어 등의 어획량은 늘고 있습니다. 명태와 도루묵의 경우 수산자원의 지나친 남획에 따른 자원고갈도 있지만, 기후 변화에 따른 해수온 상승으로 한류성 어종이 서식지를 좀 더 고위도로 옮겨 간 것도 원인일 것입니다.

한반도에 분포하는 식물들도 기후 위기를 피하지 못하고 있습니다. 산림청과 국립산림과학원은 한국의 고산 침엽수 일곱 종을 멸종위기종으로 지정했습니다. 구상나무, 분비나무, 가문비나무, 눈측백나무, 눈향나무, 눈잣나무, 주목 등은 해발고도 1,200~1,600m의 아고산대(산악의 수직적인 생활대 또는 식생대의 하나로 산지대와 고산대 사이)에 주로 서식하는 수종입니다. 이 중에서도 구상나무는 세계자연보전연맹 적색목록에 멸종위기종으로 지정되었습니다. 구상나무는 우리나라 토종나무로 한라산, 지리산, 덕유산에서만 자라며 해발 1,500m 고산지대에 주로 서식합니다. 구상나무는 크리스마스트리로 많이 알려져 있는 나무로 제주도에 선교사로 왔던 에밀 타케 신부와 위르벵 포리 신부가 1907년 미국 하버드대학교, 영국 왕립식물원, 프랑스 파리 자연사박물관, 일본 도쿄대학교에 표본을 보내면서 세계적으로 알려졌습니다. 이렇게 세계적으로 유명한 구상나무가 기후 위기로 생존의 기로에 섰습니다. 현재 구상나무 군락지는 매년 급격히 줄어들고 있고, 생존해 있는 구상나무도 열매를 맺지 못하거나 열매를 맺어도 해충의 피해로 결실량이 떨어지고 있습니다.

한반도 수목의 위기는 산림청에서 지정한 일곱 종에만 국한된 것이 아닙니다. 애국가 2절에 "남산 위에 저 소나무 철갑을 두른 듯 바람서리 불변함은 우리 기상일세"라는 구절이 나옵니다. 겸재 정선의 『장안연우(長安煙雨)』 산수화에도 나오는 남산 위의 소나무는 사계절 언제나 푸르름을 간직한 체 앞으로 50년 후에도 계속 생존해 있을지는 의문입니다. 혹여 기후 변화로 소나무가 자취를 감추면서 애국가 2절 가사를 바꿔야 하는 상황까지 이르게 되는 건 아닐지 우려되는 상황입니다.

세계적으로 소나무 종류는 100여 가지에 이르고 대부분 북위 30~45°

사이에서 집중적으로 분포하며, 우리나라에 자생하는 소나무는 일곱 종류에 이릅니다. 2000년에 들어서면서 우리나라에 자생하는 소나무도 기후 변화에 심각한 피해를 보고 있습니다. 울산을 비롯한 남쪽 지방에서 해발고도 600~700m에 서식하는 소나무는 겨울에서 봄으로 넘어오는 시기에 많이 고사하고 있습니다. 겨울철 강수는 평년과 같다 하더라도 평균기온이 올라가면서 땅속 수분이 빠르게 증발하여 소나무가 말라죽는 것입니다. 또한 온난화가 가속화되면서 외래종 해충이 살아남기 좋은 환경이 조성되었고 해충의 경쟁적 가해로 소나무에 피해를 주고 있습니다. 우리나라 국민에게 가장 좋아하는 나무가 무엇이냐고 물으면 소나무를 첫 번째로 꼽는다고 합니다. 앞으로도 우리 국민이 가장 좋아하는 나무로 소나무가 첫 번째에 자리하기 위해서는 기후 상승에 대한 시간을 멈추게 해야 합니다.

이외에도 기후 변화로 몸살을 앓고 있는 곳은 많습니다. 서해 백령도에서는 아열대성 어종인 백상아리가 자주 출몰하여 점박이물범의 서식환경을 위협하고 있습니다. 수온 상승으로 어민들의 골칫거리인 노무라입깃해파리가 늘고 적조와 녹조가 발생하면서 어업 활동이나 해양수산자원 생육환경도 갈수록 악화되고 있습니다. 남쪽 지방에서는 고랭지 작물 재배가 어려워지고 있습니다. 이처럼 온난화가 우리나라에 서식하는 동식물과 곤충에게 미치는 영향은 그들이 견딜 수 있는 한계선을 넘고 있는지 모릅니다. 지금처럼 온난화가 빠른 속도로 진행된다면 그들은 기다려 주지 못할 수도 있습니다.

4. 물은 점점 부족해지고

　사막화는 풀과 나무가 정상적으로 자랄 수 있었던 토양이 건조한 기후나 인간의 활동에 의한 토양의 산성화로 더 이상 풀이나 나무가 자랄 수 없는, 모래와 자갈 및 바위만 가득한 척박한 땅으로 변하는 것을 말합니다. 문제는 현재 지구촌 곳곳에서 사막화의 진행 속도와 면적이 급격히 늘고 있다는 것입니다.

◀ 호수의 사막화

인구 증가에 따른 식량을 확보하기 위해 농지를 끊임없이 개척한 일부터 가축을 기르고자 숲을 베어 방목지를 만든 일, 도시를 세우려 산림을 무분별하게 개발한 일이 토질의 변형을 가져오고 있습니다. 인간이 살아가기 위해 필요한 음식, 섬유, 연료 등을 확보하고자 지구의 생태계와 환경에 심각한 피해를 끼치고 있는 것입니다. 그 결과 기후 변화에 이어 사막화가 가파르게 진행 중입니다.

불모의 땅으로 변한 대표적인 나라는 시리아입니다. 시리아는 2011년 발생한 내전으로 2020년까지 500만 명이 넘는 난민이 발생했습니다. 난민이란 전쟁이나 테러, 자연재해 및 극도의 빈곤이나 박해의 위험을 피해 국경을 넘거나 다른 나라로 망명한 사람들입니다. 난민에 관한 지위는 1950년 유엔난민기구(UNHCR)가 만들어지고 1951년 '난민 지위에 관한 협약'을 채택하면서, 난민이 생길 시 회원국들이 협의하여 난민 지위가 인정되는 경우 분산하여 받아들여지고 있습니다. 시리아 난민은 매스컴을 통해 많이 보도되어 알다시피 육로로 튀르키예, 이라크, 레바논, 요르단 국경을 넘거나 지중해 바다를 건너 프랑스나 이탈리아, 그리스로 밀려들었습니다.

시리아 난민의 출발점은 내전이었지만 내부를 자세히 들여다보면 기후 변화가 일차적인 원인을 제공하고 있습니다. 시리아는 지중해 동부에 위치해 과거엔 사람이 살기에 좋은 환경이었지만, 2007년부터 4년간 극심한 가뭄으로 농사를 지을 수 없는 땅으로 변모했습니다. 자연에 기대어 살 수 없었던 시리아 농민들은 살길을 찾아 도시로 몰려들었습니다. 급증하는 도시인구는 사회적 갈등으로 번졌고, 정부의 무자비한 탄압과 이에 반

▲ 시리아 난민촌

기를 든 반군 간의 내전이 격화되면서 대량의 난민이 발생한 것입니다.

그렇다면 왜 비가 오지 않고 농지가 사막처럼 변하는 걸까요? 시리아 사태는 앞으로 있을 기후 난민의 서곡에 불과한지도 모릅니다. 지구의 평균기온이 상승한다는 것은 비가 내리지 않는 곳은 더욱 메마르고, 비가 오는 곳은 더 많은 강우량을 보이는 '극단의 환경'이 된다는 의미입니다. 지구상에서 비가 가장 많이 오는 곳은 하와이의 와이알레알레산과 인도의 체라푼지로 연평균 강수량이 12,000mm에 이릅니다. 반대로 지구상에서 비가 가장 오지 않는 곳은 칠레 아타카마 사막으로 1년 강수량이 1mm에 미치지 못합니다. 하와이나 인도, 칠레의 일부 지역은 오랜 기간 극단적 기후 환경을 가지고 있었지만, 대부분의 지역은 평년의 강수량을 유지하며 인간이 정상적인 생활을 영위할 수 있었습니다. 그러나 산업혁명 이후 인간의 욕망과 이기심의 합작품인 지나친 탄소 배출과 이에 따른 기후 변화 때문에 하나뿐인 지구가 시름시름 앓고 있습니다.

이웃 나라 중국을 보면 사막화의 현주소와 피해를 쉽게 알 수 있습니다. 중국의 국토 면적은 963만 km^2로 우리나라의 96배에 달합니다. 사막이 차지하는 면적은 중국 북동부와 몽골에 걸쳐 위치한 고비사막이 130만 km^2이고, 실크로드로 유명한 타림분지의 타클라마칸 사막의 경우 52만 km^2에 이르고 있습니다. 나머지 여섯 곳의 사막까지 모두 포함하면 국토의 25%가 사막입니다. 문제는 사막의 확산 속도에 있습니다. 중국의 사막은

▲ 몽골의 사막화

서쪽에서 동쪽으로 계속 확장하고 있고, 1년에 축구장 면적 2만 개 정도가 사막화되고 있습니다. 이렇게 확장된 사막과 불모지나 다름없는 황무지까지 포함하면 중국 국토의 45%가 농사나 가축을 방목할 수 없는 불모의 땅입니다.

중국의 사막화 원인도 인간의 이기심에서 출발합니다. 넓은 목초지에 동물을 방목하면서 서로 더 많은 가축을 기르려는 이기심이 남은 풀 한 포기라도 모두 없애 버리면서 황무지로 변하게 만들었고, 황무지는 시간이 지나 사막화되어 갔습니다. 농지가 있어도 지력을 회복할 시간을 주지 않고 비료에 의존해 농사를 지었고, 산림이 있어도 마구잡이로 벌채한 탓에 비가 오면 물이 모두 흘러 내려가 땅의 저수율이 떨어졌습니다. 수분을 저장할 초목이 없으니 기온은 더욱 높아지고 건조해졌지요. 땅은 거북등처럼 갈라지고 황폐해질 수밖에 없었습니다.

중국의 사막화는 우리나라에도 심각한 영향을 주고 있습니다. 봄철 황사는 몽골과 중국의 고비사막에서 발원하여 우리나라에 피해를 주는 주범입니다. 중국의 사막화가 지속된다면 황사의 빈도와 미세먼지 농도는

▲ 가뭄으로 말라 거북이 등껍질처럼 변해 버린 땅

더욱 심해질 것이고, 우리나라 국민은 중국의 사막화로 인한 피해를 지속적으로 보게 될 것입니다.

중국보다 국토의 사막화를 더 심각하게 느끼고 있는 곳은 몽골입니다. 인구 330만의 몽골은 전 국토의 80%가 사막화 단계에 돌입한 것으로 보고 있습니다. 많은 국민이 축산업에 종사하는 유목민족으로, 기르는 가축이 6,000만 마리가 넘습니다. 말, 양, 소, 낙타, 염소 등 가축은 대부분 초지를 찾아 이동하면서 방목하여 기릅니다. 그러나 사막화가 본격적으로 진행되자 초지 면적이 점점 줄어들어 가축의 먹이를 찾아 수백 km를 이동하는 것이 일반적인 상황으로 인식되고 있습니다. 특히 기르는 가축 중에 염소가 2,500만 마리로 가장 많은데, 염소는 식물의 뿌리까지 뽑아 먹는 동물이라 염소 무리가 지나간 자리는 순식간에 풀 한 포기 없는 황무지가 되고 맙니다. 때문에 다른 나라보다 평균기온이 빠르게 오르고 평균 강수량이 줄어들고 있지요. 어쩌다 비가 내리더라도 물을 저장할 목초지가 없어 쉽게 증발이 되고, 강과 우물이 말라 가 국토가 빠르게 사막화되고 있는 것입니다.

몽골은 땅의 소유자가 국가이므로 누구라도 좋은 초지에 먼저 도착하여 자신의 가축만 먹이면 그만입니다. 몽골의 목초지가 대부분 개인소유였다면 지금과 같은 상황이 펼쳐졌을지는 의문입니다. 미국의 생물학자 캐럿 하딘은 "공유자원이나 소유권이 없는 공동 방목장에는 경쟁적으로 더 많은 가축을 가져와 풀을 뜯게 하여 결국 공유자원이 고갈된다"라며 '공유지의 비극'을 주장했습니다. 지금의 몽골은 공유지의 비극의 한 단면이 아닌가 생각됩니다.

이번에는 사막 하면 떠오르는 곳으로 가 볼까요. 세계에서 가장 거대한 규모를 자랑하고 아프리카 사막 하면 떠오르는 곳이 사하라 사막입니다. 사하라 사막은 아프리카 북단에 위치해 있고 알제리, 말리, 모리타니, 니제르, 리비아, 차드, 이집트, 수단 등 북아프리카의 대부분 나라에 걸쳐 있습니다. 사막 면적이 907만 km²로 우리나라의 90배에 달합니다. 이렇게 엄청난 크기의 사하라 사막도 기후 변화와 강수 부족으로 매년 15km씩 남쪽으로 확장되고 있습니다. 세계에서 두 번째로 큰 아라비아 사막(246만 km²)도 조금씩 면적을 넓혀 가고 있지요. 사우디아라비아, 예멘, 오만, 아랍 에미리트 등 많은 나라에 걸쳐 있는 아라비아 사막은 아라비아반도를 모두 집어삼킬 기세입니다.

　　이러한 사막화는 세계 곳곳에서 진행되고 있고, 대표적인 세계 3대 사막(사하라 사막, 아라비아 사막, 고비사막)을 비롯해 그동안 건조하지 않았던 지역도 기후 변화로 사막화가 진행되고 있습니다. 세계의 주요 14개 사막 면적은 1,800만 km²에 이르고, 해마다 늘어나는 사막의 면적은 6만 km²에 이르는 것으로 알려졌습니다. 이는 우리나라 면적의 60%에 해당하는 땅이 불모지로 변하고 있는 것입니다. 더 암울한 전망은 현재의 기후 위기가 계속된다면 지구에서 사막이 차지하는 면적이 절반을 넘는 것도 시간문제라는 것입니다. 영화 〈인터스텔라〉처럼 모래폭풍에 삶의 터전을 잃는 비극을 경험하지 않기 위해서는 사막화의 시간을 멈추려는 노력이 필요합니다.

5. 인류의 역사가 지워지고 있어요

　유네스코는 199개 회원국으로 구성된 국제연합교육과학문화기구로 교육, 과학, 문화에 관한 국제교류와 협력을 촉진하며 세계평화와 인류의 발전을 위해 노력하는 국제기구입니다. 유네스코 세계유산은 2019년 7월 현재 167개국에 총 1,121점이 등재되어 있으며, 이 가운데 문화유산이 869점, 자연유산 213점, 복합유산이 39점입니다. 유네스코가 규정한 문화유산은 기념물이나 건축물 및 회화, 조각, 고고 유물 및 구조물, 금석문, 유적지 등으로 역사·예술·학문적으로 탁월한 보편적 가치가 있는 유산입니다. 자연유산은 물리적 또는 생물학적 생성물들로 이루어진 기념물과 동물 및 생물 종의 생식지나 자생지로서 일정 구역에서 과학상·보존상·미관상 탁월한 가치가 있는 유산이고, 복합유산은 문화유산과 자연유산의 특징을 동시에 충족하는 유산이지요.

　유네스코에 지정된 세계유산은 인류를 위해 보호해야 할 가치가 있는

▲ 파묵칼레 – 자연유산

▲ 타지마할 – 문화유산

▲ 삼위일체 메테오라 – 문화유산

▲ 마추픽추 – 문화유산

것으로, 현재 세대는 물론 미래 세대들을 위해 잘 보존하고 물려주어야 할 유산입니다. 문제는 그러한 세계유산이 환경 및 기후 변화로 심한 몸살을 앓고 있거나 소멸 위기에 처한 곳이 적지 않다는 것입니다. 현재 유네스코에 등재된 세계유산 가운데 위험에 처한 목록은 53점에 이르고 있습니다.

세계유산 가운데 기후 위기의 피해가 우려되는 것으로 우리나라에서는 합천 해인사에 있는 팔만대장경이 있습니다. 유네스코는 1995년에 팔만대장경을 보관하는 장경판고를 세계문화유산으로 지정하였고, 2007년에 팔만대장경인 '고려대장경판 및 제경판'을 세계기록유산으로 지정하였습니다. 팔만대장경은 고려시대 몽골의 침입을 불력(부처의 공덕의 힘)으로 물리치기 위해 1236~1251년까지 16년에 걸쳐 만들어진 81,258판으로 800여

년의 세월을 이겨 내고 지금도 우리 곁에 있는 소중한 유산입니다. 유구한 세월을 이겨 내고 지금도 현존하는 팔만대장경이 기후 변화로 소멸될 수 있다는 전문가들의 경고가 나왔습니다.

팔만대장경은 경판 제작에서부터 보관하는 장소인 장경판전까지 모든 부분에서 선조들의 지혜가 가득 담겨 있습니다. 대장경판은 제작 당시 바닷물에 3년간 담근 후 건조하여 뒤틀림이나 갈라짐이 없는 나무를 선별하여 제작했습니다. 선조들의 노력은 유구한 세월 동안 벌레나 해충의 피해를 막았고, 보관 장소의 바닥은 모래와 석회 그리고 소금과 숯을 섞어 습도가 높을 때는 흡수하고 건조할 때는 습도를 내보내 경판의 뒤틀림이나 갈라짐을 막았습니다.

장경판전 외벽의 살창은 위와 아래 창의 크기를 달리하고 좌우는 높낮이를 달리하여 공기의 흐름이 아래에서 들어와 위로 흐르고, 바람의 속도를 달리하게 하여 경판을 자연건조 되도록 하였습니다.

이러한 선조들의 지혜는 우리나라가 온대기후에 속해 있을 때 유효한 효과를 낼 수 있습니다. 그러나 우리나라가 아열대기후로 변화할 경우 습

◀ 팔만대장경

도의 변화로 인한 뒤틀림이나 갈라짐이 발생할 수 있고, 새로운 해충의 출현도 팔만대장경의 보존에 위협을 가할 수 있습니다. 물론 시대의 흐름에 따라 과학기술이 발전하기 때문에 충분히 보존 가능할 것이라고 생각할 수 있습니다. 그렇다면 왜 많은 과학자가 기후 위기에 대한 경고를 보내고 있을까요? 과학의 발달이 모든 해법은 될 수 없다는 뜻이 아닐까 생각합니다.

우리의 시선을 해외로 돌려 보면 많은 세계유산이 기후 변화로 인해 힘든 시간을 보내고 있는 것을 볼 수 있습니다. 기온 변화와 환경 공해에 취약한 석회암과 대리석으로 만들어진 고대 건축물이 많은 곳으로 이탈리아와 그리스가 대표적입니다. 우리가 익히 알고 있는 이탈리아 남부 파에스툼 유적지는 세 개의 신전을 포함하는 광범위한 넓이에 유적이 있습니다. 또한 로마시대 5만 명의 관중을 수용할 수 있었던 원형경기장 콜로세움은 이탈리아 로마에 있지요. 이외에도 이탈리아 내에 많은 고대 건축물이 기후 위기에 심각한 피해를 보고 있습니다.

이탈리아와 비슷한 위도에 있는 그리스 고대 건축물도 기후 위기에서

▲ 콜로세움

▲ 이탈리아 남부 파에스툼 유적지

자유롭지 못합니다. 아크로폴리스에 있는 파르테논신전, 델포이의 아폴론 신전, 델로스섬에 있는 유적도 기후 변화로 인해 조금씩 원형을 잃어가고 있습니다. 고대 건축물이 지구온난화로 40℃가 넘는 폭염에 노출되는 빈도가 많아지고 건조한 기후까지 이어지면서 건축에 사용된 석회암이나 대리석이 지속적으로 스트레스를 받고 있습니다. 실제로 기온의 급격한 변화로 석회암이나 대리석이 수축과 팽창을 반복한 나머지 암석이 견딜 수 있는 임계치를 넘어 금이 가거나 부스러지는 현상이 발생하고 있습니다.

철골 구조물이 받는 피해도 막심합니다. 프랑스 파리의 대표 랜드마크인 에펠탑은 1889년 프랑스혁명 100주년을 기념해 세계 만국박람회를 개최하며 세워진 철탑으로 높이만 324m에 이릅니다. 완공된 지 130년이 넘은 철골 구조물도 파리의 급격한 기후 변화를 피할 수 없었습니다. 건설 당시와는 비교되지 않을 정도로 여름은 더욱 더워지고 겨울은 더욱 추워졌지요. 금속의 특성상 팽창과 수축의 범위가 점차 넓어져 갔습니다. 건설 당시 에펠탑의 겨울과 여름 높이 차이가 평균 10~15cm이었다면 지금은

▲ 파르테논 신전

15~20cm를 상회하고 있습니다. 더구나 환경 공해로 산성비가 내리고 안개도 잦아 5~7년에 한 번씩 부식방지 페인트를 칠한다고 하지만, 철골 구조물 특성상 100% 부식을 막을 수 없으므로 먼 미래에 파리의 상드마르스 광장에 가면 에펠탑을 볼 수 없을지도 모릅니다.

　기후 변화로 인한 지구의 평균기온 상승은 또 다른 재앙을 불러오고 있습니다. 바로 해수면 상승입니다. 평균기온이 상승하면서 북극과 남극의 빙하가 녹고, 얼음으로 뒤덮여 있던 시베리아와 그린란드, 아이슬란드, 알래스카 및 스칸디나비아반도의 빙하와 히말라야나 알프스 고산지대에 있는 만년설이 녹아내리고 있습니다. 빙하는 눈이 쌓여 오랜 시간 압력에 의해 형성된 것이고, 만년설은 빙하와 눈의 중간상태로 주로 해발고도가 높은 산에 녹지 않고 쌓여 있는 것입니다. 빙하나 만년설이 만들어지는 속도와 녹는 속도가 비슷하면 빙하와 만년설이 지구에서 차지하는 면적은 동일하겠지만, 지금의 기후 변화는 빙하와 만년설이 만들어지는 속도보다 훨씬 빠른 속도로 녹고 있습니다.

　유럽지구과학연맹(EGU)은 지구 위의 얼음이 얼마나 빠른 속도로 녹고 있는지 발표했습니다. 영국 리즈대학교 극지 관측 및 모델링 센터 연구팀이 유럽지구과학연맹에 발표한 자료에 따르면 1994년부터 2017년까지 전세계에서 28조 톤의 빙하 및 만년설이 사라졌다고 밝혔습니다. 연간 1조 2천억 톤이 얼음에서 물로 변하고 있는 것입니다. 우리나라 서울 시민의 식수원인 팔당댐의 저수용량이 2억 4천만 톤이니 해마다 팔당댐 5천 개만큼의 빙하와 만년설이 물로 변하여 바다나 하천으로 유입되는 것이죠. 연구팀에 따르면 1990년대에는 연간 약 8,000억 톤의 얼음이 녹았지

▲ 녹아내리는 빙하

만, 2000년 이후 녹는 양이 급속도로 증가해 2010년에는 5천억 톤이 증가한 1조 3,000억 톤에 이르렀고, 앞으로 한 해 동안 얼음이 녹는 양은 계속 증가할 것으로 보았습니다.

리즈대학교 연구보고서가 말하듯 이렇게 많은 빙하가 물로 변하여 바다로 흘러들면 해수면 상승은 불가피하고, 해안가 저지대에 있는 도시와 문화유산은 당연히 물에 잠기는 상황이 올 수 있습니다. 가상의 시나리오를 보면 지구 평균기온이 3℃ 오르면 호주 시드니에 있는 오페라하우스와 미국 뉴욕의 자유의 여신상, 크로아티아 아드리아해 남쪽 연안에 있는 두브로브니크 성, 이탈리아의 베니스운하 등 많은 세계유산이 본래의 기능을 상실하고 일부 또는 전부가 물에 잠길 것으로 내다보고 있습니다.

우리나라는 2008년 2월 11일 새벽 대한민국 국보 1호 숭례문을 방화로 잃었습니다. 1398년 완성되어 600년이 흐르는 동안 우리나라 수도의 대표 관문으로 우뚝 서 있던 숭례문이 화재로 잔해만 남았을 때 아마도 많은

▲ 자유의 여신상

▲ 오페라하우스

국민들이 커다란 상실감을 느꼈을 것입니다. 유네스코 세계유산이 기후나 환경적 영향으로 사라지고 역사책에 기록으로만 남는다고 생각해 보세요. 위대하고 유구한 유산은 존재 자체만으로도 마음을 든든하게 합니다. 소중한 세계유산을 지키는 '핵심 키'는 우리 손에 있는지도 모릅니다. 지구가 보내오는 경고를 심각하게 받아들이고 탄소 저감을 위해 각국의 기업과 정부 그리고 국민이 하나 되어 작은 것부터 실천하고 노력해야 합니다.

▲ 화재로 소실 후 복원된 숭례문

기후 변화, 아프리카의 목소리를 들어 주세요

▲ 건조해지는 아프리카

아프리카는 육지 면적이 3,036만 km²로 동서로는 7,360km, 남북으로는 8,000km에 이르는 광활한 대륙입니다. 전 세계 육지 면적의 20.4%를 차지하지요. 아프리카 대륙에는 50개가 넘는 나라가 있고, 13억 인구가 살고 있으며, 세계 인구에서 아프리카 인구의 점유율은 17%에 이릅니다. 현재 대부분의 대륙에서 인구수가 정체 또는 감소하는 상태로 변하고 있는데, 아프리카 인구는 증가 일로에 있습니다.

인구가 증가할수록 생존에 필요한 식량과 식수가 필수적입니다. 그러나 아프리카의 현실은 암울합니다. 식수를 구하기 위해 매일 수십 km를 오가야 하고, 정작 도착해서 취수한 식수원은 흙탕물에 가까워 음용수로 사용하기 힘든 곳이 많습니다. 물이 귀하다 보니 농사를 경작하기도 힘들고 땅은 점점 메말라 척박해지고 있습니다. 더구나 지력을 회복하는 기간 없이 계속되는 방목으로 초지도 급격히 줄어들고 있어 방목을 위해서는 더 먼 거리를 이동해야 합니다. 이렇게 식량과 초지, 물 부족에 시달리는 이유는 기후 변화로 비가 내리지 않기 때문입니다.

1990년대 최악의 가뭄 이후 최근에도 5년 연속 가뭄이 계속되고 있습니다. 기아와 물 부족으로 생존의 한계선에 몰린 아프리카 원주민들은 한정된 자원을 확보하기 위해 부족·인종 간의 갈등을 겪고 있습니다. 과거에는 비옥한 토양과 풍부한 물이 있어 서로 반목 없이 지역을 할거하며 살았던 부족들이 식량과 물이 부족해지고 농지가 황폐화되자 더 많은 땅과 식수원을 찾기 시작했지요. 그동안 지역적 공생관계였던 부족민들이 생존을 위해 서로의 지역을 넘게 되었고, 유혈충돌이 빈번해지면서 갈등이 시작되었습니다. 생존경쟁에서 밀려난 부족민들은 난민이 되어 국경을 넘거나 도시로 몰려들었고, 인프라가 구축되지 않은 아프리카 도시의 외곽에 군집하면서 도시는 빠르게 슬럼화되고 있습니다.

물론 인간만이 힘든 것이 아니었습니다. 아프리카 땅에 기대어 살아가는 동물들의

▲ 물을 찾아 먼 곳까지 이동하는 사람과 동물 들

사투도 눈물겨운 '생존 일기'를 쓰고 있습니다. 동물들은 메마른 강과 말라 버린 초목을 뒤로한 채 끊임없이 물과 목초지를 찾아 걷고 또 걷고 있습니다. 2010년에 MBC에서 방영한 다큐멘터리 <아프리카의 눈물>에서 아프리카코끼리 가족이 물과 초지를 찾아 600km를 걸어가는 모습은 생존에 대한 집념과 메말라 버린 대륙에서 살아남기 위한 사투로, 아프리카의 현실이 얼마나 척박하고 심각한지를 그대로 보여 주고 있습니다. 기후 위기가 아프리카에 한정된 것은 아니지만, 온실가스 감축에 대한 노력이 없다면 야생동물의 천국이었던 아프리카는 '야생동물의 지옥'으로 변할지도 모릅니다.

2019년 16세의 스웨덴 기후환경운동가 크레타 툰베리는 "몇몇 사람(기업)이 상상도 할 수 없는 이득을 얻기 위하여 우리의 미래를 훔쳐 갔다"라고 했습니다. 지금 진행되고 있는 '아프리카의 비극'은 아프리카로 끝나지 않을 것입니다.

지금 인류는 갈림길에 서 있습니다. 현재의 소비패턴으로 화석연료를 무한정 사용하면서 기후 변화를 극복하기는 불가능합니다. 경제성장과 기후 변화라는 두 마리 토끼를 잡기에는 우리에게 남은 시간이 많지 않습니다. 지금 지구는 우리에게 "주사위는 던져졌다"라고 얘기하고 있습니다.

지구와 인류는 어떻게 될까요?

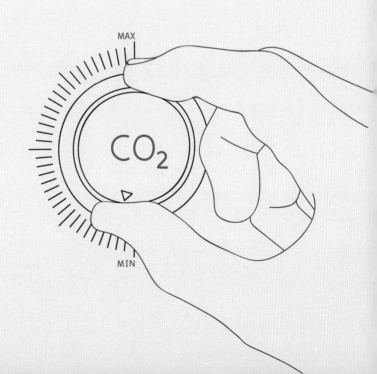

1. 꿀벌이 멸종하면 인류도 사라져요

    꽃과 꽃 사이를 윙윙거리며 분주하게 날아다니는 꿀벌은 꽃을 번식합니다. 다리에 수술의 화분을 잔뜩 묻히고 이를 암술에 옮기면서 식물의 결실을 돕습니다. 야생 최고의 꽃가루 유포자라 할 수 있죠. 우리가 흔히 먹는 사과, 배, 복숭아 등의 과일과 오이, 호박, 토마토 등의 채소가 모두 꿀벌의 이동으로 열매를 맺게 됩니다. 전 세계 100대 작물 중 70% 정도가 바로 꿀

◀ 꿀벌의 수분

벌과 같은 꽃가루 매개에 의존하고 있습니다.

그런데 최근 지구온난화로 기온이 상승하면서 꽃들의 개화 시기가 조금씩 빨라지고 있습니다. 지난 30년 동안 꽃 개화기가 무려 8일 이상이 앞당겨졌습니다. 따뜻한 봄이 빨리 찾아와서 화창한 봄날이 이어지면 좋을 것만 같지만 사실 꽃의 개화 시기는 꿀벌의 일생에 큰 영향을 줍니다. 너무 이른 시기에 꽃이 피면 아직 겨울잠에서 덜 깨어 활동력이 적은 꿀벌이 제 역할을 못하기 때문입니다. 활동 주기가 맞지 않아 꽃가루 수정이 잘되지 않으면 식물의 번식은 줄어들고 꿀벌의 개체 수도 점점 감소하게 됩니다. 꿀벌이 꿀 1kg을 모으기 위해서는 약 400만 송이의 꽃이 필요한데, 그 이동 거리는 무려 140만 km에 달합니다. 기후 변화로 꽃이 피는 기간이 줄어들면서 꿀벌이 꿀을 모을 수 있는 기간도 짧아져 이동 거리가 늘어나고 있습니다. 이처럼 꿀을 모을 꽃도, 기간도 감소하다 보니 꿀벌들 간의 경쟁은 더욱 치열해지고 있습니다.

또한 꿀벌들은 몇만 마리가 벌통 안에서 함께 살다 보니 한겨울에도 20℃ 이상을 유지하는 경우가 많습니다. 기온이 높아지면 꿀벌들이 꿀을 따오는 활동에 사용해야 할 에너지를 열을 식히는 데 낭비하게 됩니다. 여름철 폭염으로 기온이 33℃ 이상 올라가면 벌들이 알을 잘 낳지 않다 보니 산란도 어렵게 됩니다. 비가 오랫동안 내리면 벌집 안에 오래 머물러야 하기 때문에 꿀벌들의 스트레스가 무척 심해지지요. 결국 기후 변화로 인한 폭염, 장마, 한파 등 이상기후로 인해 인류 생존의 열쇠인 꿀벌들은 위협에 처해 있습니다.

벌써 아메리카, 유럽, 아시아 등 전 세계에서 꿀벌의 개체 수가 급격히 줄고 있습니다. 최근 10여 년 동안 미국에서만 해도 무려 40% 정도가 감소하였을 정도로 피해가 심각한 상황입니다. 꿀을 채집하러 나간 벌들이 집으로 돌아오지 못하면서 유충과 여왕벌까지 폐사하는 '벌집군집붕괴현상(Colony Collapse Disorder, CCD)'까지 발생했습니다. 더구나 이상기후로 인해 생태계 교란종에 지정된 등검은말벌이 이상 증식을 하고 있습니다. 같은 벌의 일종이니 수분에 도움을 줄 것 같지만 이 말벌은 육식 곤충으로 한번 번식하면 주변에 있는 꿀벌과 양봉 농가까지 모두 초토화시킵니다. 최근 우리나라에서도 전체 말벌 가운데 약 70%가 등검은말벌일 정도로 개체 수가 급격히 증가하고 있습니다. 설상가상으로 꿀벌의 에이즈로 불리는 낭충봉아부패병이 유행하면서 꿀벌의 개체 수가 급감하고 있습니다. 이 병은 애벌레가 번데기가 되기 전에 죽게 만드는 병으로 봉군을 전멸시키기도 합니다. 작은 진드기인 가시응애는 꿀벌에 기생하면서 날개를 없애 날아다닐 수 없게 만듭니다. 기온의 따뜻해지면서 꿀벌의 서식지가 감소하고 해충이 늘어나고 있지요. 이를 막기 위해서 사용하는 농약 또한 꿀벌의 생존에 위협을 주기는 마찬가지입니다. 농약에 노출되면 꿀벌은 방향감각이나 귀소 본능을 상실하게 됩니다. 심하게 노출될 경우 꿀벌 전체가 몰살당할 수 있습니다.

이처럼 꿀벌이 사라지면 꽃, 과일, 채소 등도 함께 사라지게 됩니다. 이걸 먹는 초식 동물이 감소하게 되면 점차 인간의 식량까지 사라지게 될 겁니다. 상대성 이론으로 유명한 물리학자 알버트 아인슈타인의 "꿀벌이 멸종하면 4년 안에 인류도 사라진다"라는 예언은 이제 현실이 되어 가고 있습니다. 유엔에서는 꿀벌의 멸종 위기를 막기 위해 '세계 벌의 날(World

> **꿀벌을 소재로 한 다큐멘터리 <모어 댄 허니>**
> 사람들은 꿀벌을 트럭에 싣고 미국의 대농장들을 돌아다닙니다. 이들은 꿀벌을 키우거나 꿀을 얻기 위해 양봉을 하는 것이 아닙니다. 꿀벌의 수분 능력을 이용해서 돈을 보는 수분 양봉꾼들입니다. 겉모습만 보면 식물들의 수분을 도와주는 일이니 긍정적으로 보입니다. 하지만 사실 이들은 꿀벌을 이용해 자신의 탐욕을 채울 뿐입니다.
> 2월에는 캘리포니아에 있는 아몬드 농장, 3월에는 워싱턴에 있는 사과농장, 5월에는 동부의 유채와 해바라기 농장, 7월에는 펜실베이니아의 호박 농장 등 꽃이 필 때마다 수천 km를 이동해 대농장들을 돌면서 꿀벌을 풀어 놓습니다. 더 많은 돈을 벌기 위해 강제로 분봉을 하면서 꿀벌들을 혹사시켜 꿀벌들이 수분을 최대한 많이 하도록 시킵니다. 결국 이러한 비정상적인 생활로 꿀벌의 30% 정도가 겨울을 넘기지 못하고 집단으로 폐사하게 됩니다.

Bee Day)'까지 만들어 그 가치를 세계에 알리고 있습니다. 유네스코는 생물권 보호구역 안에 2,500개의 벌통을 만들어 약 1억 2,500만 마리까지 개체 수를 늘리는 벌 프로젝트를 실천하고 있습니다.

사과는 어디에

지난 100년간 지구온난화가 진행되면서 전 세계적으로 1.8℃ 정도 기온이 상승했습니다. 이로 인해 메론, 망고, 패션프루트, 구아버 등 열대 과일이 우리나라의 새로운 소득 작물로 등장하게 되었지요. 맛있는 열대 과일을 자주 먹을 수 있게 되었는데 과연 이것이 우리에게 좋은 일이기만 할까요? 안타깝게도 사과, 배, 복숭아, 감, 포도 등 우리가 열대 과일보다 자주 먹었던 과일들을 앞으로는 자주 먹지 못하게 되었습니다. 특히 사과는 대구, 안동, 영주, 영천 등지에서 영남 내륙 지역을 비롯해 충주, 예산 등 전국 각지 재배되어 왔을 정도로 국민 과일로 인기가 많았는데 말이지요.

사과나무는 생육기 평균기온이 약 15~18℃ 정도인 서늘한 기후에 일교차가 클 때 맛있는 열매를 맺습니다. 그러나 지구온난화로 남부 지방에 폭염과 가뭄이 지속되면서 재배가 점점 어려워지고 있습니다. 오히려 여름철에 서늘하면서도 일교차가 큰 강원도가 사과 재배의 적지가 되었지요. 얼마 전까지 사과 하면 대구였는데, 이제는 강원도 영월과 양구를 최고로 쳐주고 있을 정도입니다. 그런데 안타까운 점은 2050년이 되면 사과가 강원도 고산 지역과 북한 지역에서만 재배되고, 2100년이 되면 우리나라에서 더 이상 사과나무를 볼 수 없다고 합니다. 사과 재배지로 변화하고 있는 강원도 지역은 이제 무·배추 등 고랭지 채소 재배지로서의 기능을 점점 상실해 가고 있습니다. 지구온난화로 기온이 상승하고 가을장마가 빈번해지면서 수확량이 줄고 병해충의 피해가 커지고 있기 때문입니다.

농작물 등의 상품이 생산 지역의 원산지로 인해 생겼을 경우 상표권을 인정해 주는 지리적 표시제라는 것이 있습니다. 우리나라의 경우 대구 사과, 단양 마늘, 횡성 한우, 보성 녹차, 이천 쌀 등이 지리적 표시제로 지정되어 있지요. 해당 지역명이 소비재로 인식되어 그 가치를 인정받아 상품 판매에 도움을 줍니다. 그런데 지구온난화로 인해 이러한 지리제 표시제가 점점 그 힘을 잃어 가고 있습니다. 이제는 사과하면 양구, 포도하면 영월, 복숭아 하면 원주, 감귤 하면 진주를 불러야 하는 상황이 되었습니다.

비단 우리나라만의 일이 아닙니다. 이탈리아도 남부 지역을 중심으로 열대성기후가 나타나면서 오렌지와 레몬 나무 재배지 사이로 바다나, 망

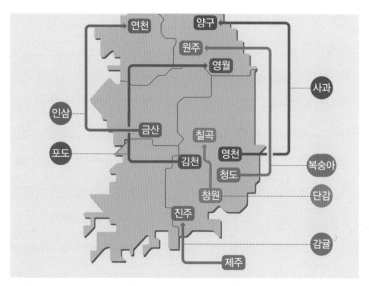

▲ 국내 농작물 재배 지도 변화(1970~2015년 농림어업총조사 비교)
출처: 총계청

고, 아보카도 등이 재배되고, 북부 롬바르디아 지역의 산자락에 올리브 나무가 자랍니다. 프랑스와 칠레, 미국 등이 중심지였던 와인용 포도 재배지도 북상하여 이제는 덴마크, 영국, 캐나다에서도 생산하고 있습니다. 이렇게 지구온난화로 식생들의 북한계선이 올라가면서 생태계가 파괴되고 있습니다. 특히 냉대림의 피해가 극심합니다. 시베리아의 타이가 숲과 알래스카 및 캐나다의 가문비나무 숲이 이상기후로 말라죽어 가고 있습니다. 우리나라 제주도의 대표적인 냉대림인 구상나무 군락도 점점 말라 가면서 자취를 감추고 있습니다. 농작물 재배의 북한계선이 올라가면서 숲의 나무를 벌목해 수많은 삼림이 훼손되고 있습니다. 기온이 상승하고 이산화탄소 농도가 증가하면서 식물들이 빨리 자라고, 빨리 죽게 되면서 숲의

사전에 새롭게 등재된 '기후 변화' 표현

세계적 권위의 옥스퍼드사전에 기후 변화와 관련된 표현들이 새롭게 등재되었습니다. 기후 변화에 관한 새로운 단어, 하위 항목, 수정 사항 등 약 100여 개의 내용을 사전에 추가하였습니다. 더 나아가 기후 변화뿐만 아니라 지속가능성과 관련된 어휘 범위를 포함하였습니다.

새로 등재된 표현으로는 기후 위기와 관련된 용어로 '기후 재앙(Climate Catastrophe)', '기후 위기(Climate Crisis)', '기후 비상사태(Climate Emergency)' 등이 사전에 올랐습니다. 기후 위기를 막기 위한 행동인 '기후 행동(Climate Action)'과 기후로 인해 살고 있는 지역을 떠나야 하는 이주민인 '기후 난민(Climate Refugee)'도 등재되었지요. 기후 변화가 미치는 부정적인 영향을 부인하는 용어인 '기후 부인(Climate Denial)', 기후 변화의 원인과 영향이 초래하는 정의롭지 못한 점을 인식하고 이를 개선하려는 시위와 사회 운동의 '기후 파업(Climate Strike)'과 '기후 정의(Climate Justice)'도 올랐습니다. 이와 함께 '지구 가열(Global Heating)', 경제적 가치가 있는 환경 자본을 의미하는 '자연 자본(Natural Capital)', 탄소중립을 뜻하는 '넷 제로(Net Zero)' 등의 표현도 추가되었습니다.

탄소 수용력이 줄어들고 있습니다. 이는 지구온난화를 더욱 가중시킬 뿐만 아니라 생태계의 다양성을 훼손시킵니다.

2. 몰디브와 투발루, 지상낙원이 사라져요

2009년 10월 인도양의 보석으로 알려진 몰디브, 해저 6m의 바닷속에 테이블이 놓이고, 그 주변으로 스쿠버 차림에 사람들이 둘러앉았습니다. 화이트보드 글을 쓰고 손으로 신호를 보내며 사람들은 의견을 나누었습니다. 이 우스꽝스러운 수중회의의 참석자는 몰디브의 나시드 대통령과 각료들이었습니다. 에메랄드빛 바닷속에서 열린 이 회의는 전 세계로 중계되었습니다. 이들은 왜 바다에 모였을까요? 혹시 지상낙원으로 불리는 몰디브의 여행 상품을 소개하는 자리였을까요? 그러기엔 이들의 모습이 사뭇 진지했죠. 이 모임은 몰디브의 위기를 알리기 위해 자리한 것이었습니다. 현재 해수면의 상승으로 1,200여 개의 섬으로 이루어진 몰디브는 국토의 대부분이 수몰 위기에 처해 있습니다. 평균 해발고도가 1m 남짓에 불과해 기후 변화로 인한 충격이 상당히 크답니다. 해수면 상승은 물론 폭우와 홍수가 빈번해지면서 많은 섬이 사라지고 있습니다. 저지대 침수를 막기 위한 사업과 산호 및 해양 보호 등의 프로젝트에 국가 예산의 무려 50% 정도가 투입될 정도입니다. 국가가 사라지게 될 운명에 처했으니 어쩌면 당연한 일일지도 모릅니다. 일찍부터 기후 위기의 심각성을 인식하여 그 경각심을 불러일으키기 위해 수중회의를 개최하게 된 것입니다. 몰디브의 각료들이 함께 모인 이 자리에서 각국에 온실가스 저감 촉구하는 결의안이 채택되었습니다.

2021년 11월 5일 투발루의 수도 푸나푸티의 해안가에서는 사이먼 코페 외교장관의 연설이 진행되었습니다. 정장을 입고 연단 앞에 선 그는 무릎까지 차오른 투발루의 바다를 무대로 기후 위기에 국제사회가 함께 대응할 것을 촉구하였습니다.

▲ 투발루의 수도 푸나푸티 해안에서 연설하는 사이먼 코페

투발루는 기후 변화와 해수면 상승이라는 현실 속에서 살고 있습니다. 현재 우리는 점점 가라앉고 있습니다. 더 이상 말뿐인 약속만을 믿고 기다릴 수는 없습니다. 우리의 내일을 위해 과감히 대안을 세워야 합니다.

_코페 외교장관의 연설문 일부 발췌

직접 투발루의 위기 상황을 담은 퍼포먼스와 연설 영상은 3일 후 영국 글래스고의 한 회의장에서 방영되었습니다. 각국 정상들이 모인 이 자리는 기후 위기 문제를 함께 논의하는 제26차 유엔기후변화협약 당사국총회(COP26)였습니다. 참석자들은 세계에서 가장 먼저 사라지게 될 국가로 알려진 투발루가 처한 현실을 영상으로 보면서 안타까운 마음에 시선을 떼지 못했습니다.

남태평양의 중앙에 아홉 개의 산호섬으로 이루어진 투발루는 면적 26km², 인구 약 1만 2,000명으로 세계에서 네 번째로 작은 나라입니다. 제일 높은 곳이 해발 4.5m일 정도로 대부분 국토는 해수면과 큰 차이가 없습니다. 기후 변화로 인해 매년 0.5cm씩 해수면이 상승하면서 벌써 두 개의 섬이 바다에 잠겼습니다. 이와 같은 상황이 지속되면 앞으로 50년 내 국토의 대부분이 수몰됩니다. 무엇보다 생존에 가장 필수적인 마실 물이 점점 말라 가고 있습니다. 이제는 지하수에도 바닷물이 섞여 있어 문제입니다. 해일과 홍수 피해 또한 점점 커지면서 코코넛 같은 열대작물도 죽어 가고 있습니다.

몰디브와 투발루 외에도 키리바시, 마셜제도 등 태평양의 섬나라들과 방글라데시, 인도네시아, 네덜란드, 이탈리아 등의 국가에 위치한 저지대

도시들도 위협에 처했습니다. 해수면의 상승으로 해안 침식은 물론 지하수 오염과 농작물 피해가 심각합니다. 1,000만 명의 넘는 대도시의 70% 이상이, 250만 명 도시의 65% 이상에 해안 지대에 인접해 있습니다. 약 10억 명의 인구가 해발 10m 이하에서 생활하고 있어 기후 위기의 직접적인 영향을 받고 있습니다.

땅을 구입해서 다른 국가로 이주하려는 국가들도 있습니다. 남태평양의 30여 개의 작은 섬으로 이루어진 키리바시는 2000년대 초반부터 해수면 상승과 지하수 오염으로 큰 어려움을 겪었습니다. 그 피해가 점점 커지면서 약 10만 명의 국민이 수몰 위기에서 탈출할 수 있도록 무려 1,600km나 떨어진 피지제도의 바누아레부섬의 24km^2 면적의 땅을 구입해 개발하고 있지요. 태평양의 약 1,200개의 섬으로 이루어진 마셜제도 역시 여러 섬이 수몰 위기에 처하면서 주민들의 약 3분의 1 이상이 이미 미국으로 이주했습니다. 저지대 위치한 인도네시아의 수도인 자카르타도 해수면 상승과 빈번한 홍수로 보르네오섬으로 수도 이전까지 준비하고 있지요. 홍수와 해수면 상승으로 침수 피해에 시달렸던 이탈리아의 베네치아도 모세 프로젝트를 통해 바닷물 유입을 막기 위해 노력하고 있습니다.

3. 인류의 마지막 보고, 바다가 위험해요

지구 산소의 20% 이상을 생성하는 아마존 우림을 일컬어 지구의 허파라고 합니다. 그렇다면 '바다의 허파'는 무엇일까요? 바로 '산호'입니다. 수천 개의 미세한 폴립으로 이루어진 산호는 하나의 생물이랍니다. 생물 중에서도 식물이 아닌 입, 위, 촉수가 있는 동물이지요. 스스로 먹이 사냥도 하지만 거대한 바다 생태계의 근간이 된답니다. 수많은 바다 생물들이 이곳 산호에서 번식하고 서식합니다. 이곳에 숨어 포식자를 피하기도 하고, 반대로 포식자가 숨어 있다가 먹이를 사냥하기도 하지요. 또한 산호초는 파도에너지 대부분을 흡수하는데요. 이 때문에 큰 파도와 폭풍이 육지로 다가오지 못하도록 막는 자연 방파제 역할도 톡톡히 하고 있습니다. 그러나 오늘날 이렇게 물고기들의 서식처이자 해안 지역의 침식을 막아 주는 바다의 허파, 산호가 사라지고 있습니다. 바닷물의 수온이 상승하면서 산호초의 표면이 하얗게 드러나는 백화 현상이 빈번하게 발생하고 있기 때

▲ 세계 최대의 산호초 호주의 그레이트 배리어 리프

문입니다. 온실가스가 바다로 흡수되고 바닷물의 산성화로 탄산칼슘이 녹으면서 산호초가 죽어 가고 있습니다.

세계에서 가장 큰 규모를 자랑하고 있는 호주의 그레이트 배리어 리프 또한 마찬가지입니다. 기후 변화로 인해 이곳의 산호는 이미 30% 이상이 폐사했습니다. 이러한 변화가 지속된다면 앞으로 20~30년 내로 모두 사라지게 됩니다. 이곳뿐만이 아닙니다. 세계자연기금(WWF)의 살아 있는 지구 보고서에서는 2050년이 되면 지구상에 있는 모든 산호초가 사라질 수도 있다고 하였습니다.

바다는 인류의 마지막 보고로 알려진 곳입니다. 하지만 이곳도 지구온난화로 바닷물의 온도가 상승하면서 해양 생태계도 위협에 처하게 되었습니다. 안토니우 구테흐스 유엔 사무총장은 2020년 '세계 해양의 날'을

▲ 기후 변화 파괴된 산호초

맞아 "세계의 바다는 현재 1초에 히로시마 원자폭탄 다섯 개를 떨어뜨린 것과 같은 열량으로 뜨거워지고 있다"라고 발표하면서 지구의 기후 조절 기능이 상승해 가고 있는 현실의 경고하였습니다. 해수면의 온도가 상승하면서 바닷물의 산소가 제대로 순환되지 않아 생물들의 마지막 서식처가 사라져 가고 있습니다. 최근 50년 동안에도 산소가 없는 죽음의 바다가 4배 이상 증가하였고 앞으로도 더 급속히 증가할 것으로 전문가들은 예측하고 있습니다.

산소와 함께 이산화탄소량이 많아지는 것도 큰 문제입니다. 이산화탄소가 바다로 녹아들면서 바다가 빠르게 산성화되어 가고 있기 때문입니다. 바다에서 이산화탄소는 수소 이온과 탄산 수소 이온으로 나뉘어 pH를 떨어뜨립니다. 이때 약알칼리성을 띠는 것이 정상이지요. 하지만 이산화탄소가 많아지면서 수소 이온이 증가하자 오히려 탄산 이온이 감소되었고, 해양 생물의 탄산칼슘 생성이 줄어들면서 산호초와 갑각류의 성장이 어려워졌습니다. 바다의 산성화로 식물성 플랑크톤의 석회화 또한 가속화되었습니다. 해양 생태계의 먹이 사슬에서 가장 중요한 역할을 담당하는 식물성 플랑크톤이 줄어들면서 어획량은 더욱 감소하였고, 피해는 인간에게로 되돌아갑니다.

tip

인류에게 다가온 여섯 번째 생명 멸종!

지구의 탄생 이후로 지금까지 생물의 70% 이상이 사라진 대멸종이 다섯 차례 있었습니다. 그런데 최근 스탠퍼드대학교의 폴 에를리히 교수의 연구에 의하면 여섯 번째 대멸종이 얼마 남지 않았다고 합니다. 지난 150년 동안 생물종의 멸종 추세가 이전 1만 2000년 동안 벌어진 규모와 비슷한 상황으로, 예상했던 것으로 훨씬 빠른 속도로 진행되고 있습니다. 그 원인으로 주목되는 것은 인류에 의한 기후

▲ 생태계 파괴

변화입니다. 멸종하는 종들 대다수가 인간이 거주하는 지역에서 서식하고 있었습니다.

2020년 세계자연기금(WWF)에서 발표한 '지구생명보고서 2020'에 의하면 열대 우림 지역의 삼림 훼손으로 생명 다양성의 절반 이상이 파괴된 것으로 보고하였습니다. 인간의 과도한 욕심으로 인한 생물의 서식지가 파괴되면서 육상 생물다양성의 70%, 담수 생물다양성의 50%가 파괴되었습니다. 생물의 다양성이 사라지면 안정된 기후는 물론 깨끗한 공기와 물이 사라지고, 식물의 수정 또한 어려워져 인류의 생존마저 위협하게 됩니다.

4. 기후 난민의 시대가 와요

　분쟁이나 전쟁, 그리고 가난을 피해 살던 곳을 떠난 사람들을 난민이라고 부릅니다. 그런데 혹시 기후 난민이라는 말을 들어 본 적이 있나요? 해수면의 상승과 물 부족, 가뭄과 폭풍 등의 기후 변화로 삶의 터전이 사라지면서 어쩔 수 없이 이주하게 된 사람들을 일컫는 말입니다. 난민 단체의 연구에 의하면 2019년 분쟁으로 인한 난민이 약 850만 명이었던 반면 기후 변화로 인해 발생한 이주민은 2천 5백만 명에 달해 무려 3배가 넘었습니다.

　사실 기후 변화를 일으킨 책임은 일찍이 산업화를 이루었던 여러 선진국에 있지만, 그 피해는 고스란히 아프리카와 태평양 등에 있는 저개발 국가들이 입고 있습니다. 현재 해수면의 상승으로 영향을 받은 인구를 추정하면 약 2억 6,000만 명 이상입니다. 이 중에서 빈곤국과 작은 섬나라 국민이 90% 이상이지요. 이들에게는 피해를 막기 위해 방파제를 세우거나 간척사업을 할 기술과 자본이 없습니다. 초대형 허리케인으로 온두라스, 과테말라 등 중남미 국가에서는 북미로 이주하는 사람이 늘었고 몰디브와 투발루, 키리바시는 수몰될 위기에 놓여 있습니다. 에티오피아, 소말리아, 케냐가 자리 잡은 '아프리카의 뿔' 지역에서는 우기에도 비가 거의 내리지 않아 가축이 죽어 나갔고 농작물 수확량이 현저히 감소하면서 약 1,300만 명이 굶주림에 처하였습니다.

문제는 기후 난민이 현 국제법상 난민으로 인정받지 못한다는 점입니다. 보통 난민은 1951년 체결된 '난민 지위에 관한 유엔협약'에 따라 보호받고 있는데 그 내용을 보면 "인종·종교·국적·특정 사회집단에서 소속 또는 정치적 견해를 이유로 박해받을 것이라는 충분한 이유 있는 경우"로 제한하고 있습니다. 따라서 기후 난민은 정식 난민으로 인정되지 않아 보호받을 수 없는 상황입니다. 그나마 다행인 것은 이러한 규정에도 불구하고 최근 남태평양의 키리바시 사람들이 처음으로 유엔에서 기후 난민으로 인정받게 되었습니다. 하지만 앞으로 가야 할 길이 멀게만 느껴집니다.

매해 그 피해가 커져 가면서 여러 국제기구에서는 2050년까지 지금과 같은 기후 변화가 지속될 경우 기후 난민의 수가 급속히 증가하게 될 것으로 전망하고 있습니다. 해수면 상승으로 인한 저지대 침수, 가뭄으로 인한 물 부족과 사막화, 폭풍 해일 등과 같은 극심한 피해를 입게 됩니다. 세계은행에서는 약 1억 5천만 명, 유엔에서는 2억 5천만 명, 국제 이주기구에서는 약 6억 명, 심지어 세계경제포럼에서는 최소 12억 명이 기후 난민이 될 것이라고 발표하였습니다. 앞으로도 사하라 이남의 아프리카와 북부 아프리카, 남부아시아, 동아시아 및 태평양 등지에 위치한 가난한 국가

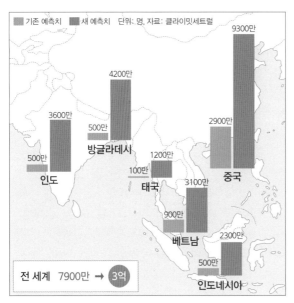

기존 예측치 ■ 새 예측치 단위: 명, 자료: 클라이밋세트럴

9300만

4200만

3600만
500만
방글라데시

2900만

500만
인도

1200만
100만
태국

3100만

중국

900만
베트남

2300만

500만
인도네시아

전 세계 7900만 → 3억

▲ 2050년 해수면 상승에 따른 예상 침수지 거주 인구

와 섬나라가 그 피해를 입게 될 것으로 보고 있습니다. 특히 인구가 밀집
한 아시아의 경우 피해가 무척 심각할 것입니다. 클라이밋 센트럴(Climate
Central)의 연구에 의하면 방글라데시는 약 4,200만 명, 중국은 상하이의
2,400만 명을 비롯해 국가 전역에 걸쳐 약 9,300만 명, 인도는 3,600만 명,
태국은 1,200만 명이 침수 피해를 입게 될 것으로 보았습니다.

그렇다면 2100년이 되면 어떻게 될까요? 유엔 산하의 기후 변화에 관한
정부 간 협의체(IPCC)에서는 해수면이 무려 104cm 이상 상승할 것으로
예상하고 있습니다. 전 세계 인구의 약 40%가 해안가에 살고 있고, 1,000
만 명 이상 대도시의 약 33%가 해안가와 인접한 저지대 있어 결국 수많은
도시가 그 피해를 고스란히 입게 됩니다. 뉴욕은 물론 상하이, 뭄바이, 도

기후 아파르트헤이트

요즘 기후 난민과 관련하여 '기후 아파르트헤이트'라는 용어가 새롭게 쓰이고 있습니다. 원래 아파르트헤이트(Apartheid)란 1948년 이후 남아프리카공화국에서 당시 집권하던 백인들이 인종별로 등급을 매기면서 흑인들을 차별했던 인종 분리 정책이었습니다. 1990년대 이후 폐지되었지만, 현재 아파르트헤이트는 '인종 차별'과 '불평등' 등을 일컫는 대명사로 남아 있지요. 기후 아파르트헤이트란 2019년 유엔 빈곤·인권 특별보고관이었던 필립 알스턴이 발표한 보고서에서 "부자들은 더위, 기아, 갈등을 피하기 위해 돈을 지불하고, 나머지 세계는 극심한 고통을 받는 '기후 아파르트헤이트' 시나리오 위험에 처했다"라고 설명하면서 본격적으로 사용되었습니다. 즉 미국의 뉴욕이나 마이애미, 네덜란드의 로테르담, 일본의 도쿄같이 부유한 선진국의 도시는 기후 변화로 해수면이 상승해도 저지대를 간척하고 방파제를 튼튼히 하는 등 도시를 재정비해 기후 위기를 극복해 나가지만, 투발루, 몰디브, 키리바시 같은 섬나라와 방글라데시, 인도네시아, 나이지리아 등의 가난한 국가들은 기후 문제를 해결하지 못해 수몰 위협에 처하거나 다른 국가로 이주해야 하는 상황인 것입니다. 이들 국가는 침수와 가뭄, 홍수는 물론 콜레라나 발진같이 수많은 위험에 노출되어 있습니다. 이처럼 기후 아파르트헤이트란 부유한 국가나 사람들은 기후 변화에도 적응하며 살아가지만 빈곤한 국가나 사람들은 기후 변화에 대응하거나 적응하지 못하는 불평등 현상을 말하지요. 기후 위기의 원인이 대부분 선진국에 있음에도 그 피해는 개발도상국을 향하고 있습니다. 이에 대한 국제사회의 협력이 필요한 시점입니다.

쿄, 베네치아, 자카르타 일대가 물에 잠길 수 있습니다. 시간이 많이 남아 있어 보이지만 지금도 진행되고 있는 일이고 매해 많은 기후 난민들이 생기고 있습니다. 미국과 호주의 대형 산불로 인한 난민, 태평양과 인도양에서 발생하는 지진 해일로 인한 난민, 중남미에서 발생한 슈퍼 태풍으로 인한 난민, 토지 황폐화로 인한 식량 부족과 기아 문제로 발생한 난민 등 기후 난민은 미래에 닥칠 문제가 아니라 현재의 문제입니다.

<u>5교시</u>

세계는 기후 위기를 위해
무엇을 하고 있나요?

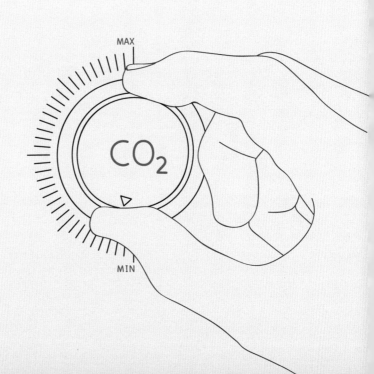

1. 2℃ 아래로 유지하라

지금 우리 지구는?

여러분들도 감기에 걸려 열이 펄펄 끓어 본 기억이 있나요? 지구의 기온이 상승하는 것 역시 지구가 열병에 아파하고 있는 것이라 할 수 있습니다. 우리 몸의 상태를 체온으로 알 수 있는 것과 비슷한 것이지요. 지구의 기후 위기가 일정 한계치를 넘으면 우리는 통제하기 어려운 비극을 맞이하게 될 수 있습니다.

지구가 생긴 이래로 온난화가 없었던 것은 아닙니다. 인간이 생기기 전에도 지구는 차가웠다가 뜨거워지고, 뜨거웠다가 차가워지곤 했으니까요. 지구의 온도가 1℃ 올라가려면 2,500년의 세월이 필요하다고 합니다. 그런데 산업화 이후 전 세계 평균기온이 그 이전과 대비하여 100년 만에 1℃ 상승했습니다. 무려 25배나 빠른 속도이지요!

▲ 사라져 가는 빙하와 열대우림

그 증거를 눈으로 확인할 수 있는 대표적인 장소가 바로 남극과 아마존입니다. 지구의 온도가 뜨거워져 매년 남극에서는 얼음이 1,940억 톤씩 녹고 있다고 해요. 수영장 7,760만 개를 채울 수 있을 만큼의 물이라고 하니 어느 정도의 양인지 짐작이 가나요? 산소를 만드는 '지구의 허파'인 아마존의 삼림은 1년 동안 9,250km²만큼 사라지고 있다고 합니다. 매년 축구장 120만 개가 없어지고 있는 것입니다.

이런 현상은 우리나라에서도 확인할 수 있습니다. 1980년대 이후 우리나라의 평균기온은 계속 상승해 오고 있습니다. 1℃ 오르는 데 100년이 걸린 외국에 비해, 한국은 30년 만에 평균기온이 1℃ 올랐습니다. 그 결과 비 오는 날이 크게 줄었습니다. 여름에 비가 내리더라도 집중호우가 쏟아져 홍수가 일어났고, 봄에는 가뭄이 들었습니다. 그런 상황이 해를 거듭할수록 심해지고 있습니다.

현재의 추세로 지구온난화가 진행된다면 2050년에 지구의 평균기온은 산업혁명 이전보다 2℃ 높아질 것으로 예상됩니다. 온도가 2℃까지 상승한다고 가정했을 때 육상 생물의 10%가 멸종 위기에 처하고 인류 30만 명이 기후 변화로 사망할 수 있습니다. 사용 가능한 물의 양이 감소해 전 세계 곳곳에서 물 부족 피해가 더 극심해질 것이며 홍수나 가뭄, 폭염의 피해도 늘어 식량 문제가 심각할 것입니다.

꾸준히 상승하고 있는 지구의 평균기온에 대해 대책이 필요하다는 것을 여러분도 느끼시나요? 2016년에 전 세계 각국은 파리에 모여 지구의 평균기온 상승을 2℃ 아래로 억제하고 더 나아가 1.5℃를 넘지 않도록 노력하자는 합의를 했습니다.

2. 세계 여러 나라의 기후협약

인류가 맞은 역사적 순간, 리우회의

언제부터 인간은 지구의 온도를 기록하기 시작했을까요? 기온을 정확하게 기록하기 시작한 것은 1880년부터입니다. 그 이후 과학기술이 발달하고 전 세계의 기상관측소로부터 수집한 기온 자료들이 쌓이면서 전 지구 평균을 계산할 수 있게 된 것입니다. 이를 통해 인간의 산업 활동으로 배출된 온실가스가 이산화탄소의 발생을 증가시키고 지구온난화를 일으키고 있다는 것을 알게 되었습니다.

기후 변화의 심각성이 드러나면서 1972년 6월 스웨덴 스톡홀름에서 유엔이 처음으로 환경 회의를 열게 되었습니다. 이 회의로 많은 사람이 지구 환경 문제는 국제적인 대응 방안이 필요하다는 것을 깨달았습니다. 그리고 4년 후인 1992년, 브라질 리우데자네이루에서 172개국의 정부가 참여하는 회의가 이루어졌지요. 20년 만에 열린 리우회의는 그 규모와 관심만큼이나 성과도 컸습니다. '리우선언'과 '의제 21'이 채택된 것입니다. 리우선언은 각국이 환경정책을 수립하는 데 바탕이 될 27개 원칙을 나열한 것입니다.

▲ 각국은 각자의 국경 내에서 다른 나라들의 환경에 피해를 주는 활동을 하지 않을 책임을 진다.

▲ 각국은 과학·기술에 대한 지식을 서로 교환하며 지속 가능한 개발 능력을 키우도록 노력한다.

– 리우선언 중에서

340쪽 분량의 의제 21은 구체적인 행동 계획을 담고 있습니다. 개발을 확대하면서도 동시에 환경을 보호하기 위한 방향들을 구체화한 것이지요. '21'이라는 숫자도 다음 세기를 위한 청사진이라는 의미에서 붙여졌다고 합니다. 몇 가지 의제를 함께 살펴볼까요?

▲ 환경 문제의 해결을 위해서는 빈곤과 저개발 같은 지구 곳곳의 사회 경제적 문제들을 먼저 풀려는 노력이 필요하다.

▲ 각국은 천연자원을 한층 더 효과적으로 이용하고 폐기물을 줄여 나갈 것을 노력한다.

▲ 각국의 정부는 어떤 정책이든 결정할 때마다 환경적 측면을 고려해야 한다.

▲ 지속 가능한 개발을 위해 필수적으로 자원을 보존하고 관리한다.

리우선언은 다양한 국가들이 서로 협의하고 의견을 조정하는 과정에서 목표를 낮춰 잡고 강제적인 구속력을 행하지는 못했지만, '인류가 맞은 역사적 순간'이라는 평을 들을 정도로 의미가 깊었습니다. 리우회의를 계기로 기후 변화 대응이 국제사회의 주요 쟁점이 되었고, 이 고민은 이후 모든 논의의 기초가 되는 바탕이 되었습니다.

기후 위기를 막기 위한 세계의 노력은 1997년 교토의정서와 2007년 발리로드맵, 2009년 코펜하겐회의 그리고 2015년 파리협정으로 이어졌습니다.

최초의 기후 합의, 파리협정

2016년, 전 지구적으로 지구온난화를 방지하기 위해 온실가스를 줄이자는 합의안으로 '파리기후 변화협정'을 체결하게 됩니다. 누군가 기후 변화에 관해 이야기할 때 '파리'라는 단어를 사용한다면, 아마도 이는 '파리협약'에 관련한 이야기일 것입니다. 파리협약은 지구의 평균온도 상승을 2℃ 아래에서 억제하고 1.5℃를 넘지 않도록 노력하는 것을 목표로 삼고 있습니다. 이 협약은 다양한 국가들이 수십 년에 걸친 논의 끝에 마련한, 국제사회가 함께 공동으로 노력하는 최초의 기후 합의입니다. 파리기후 변화협정에는 전 세계 국가 대부분이 함께했습니다. 이 협정에 참여하지 않은 국가는 이란, 이라크, 에리트레아, 튀르키예, 남수단, 리비아, 예멘 등 일곱 개국뿐입니다. 미국은 트럼프 전 대통령이 취임한 후 파리협약에서 탈퇴했지만, 2021년 초 바이든 대통령이 취임하고 나서 다시 가입했습니다.

파리협정은 여러 나라가 기후 위기에 신속하게 대응하고 참여할 수 있도록 각 국가가 자발적으로 감축 목표를 설정하도록 하였습니다. 스스로 상황을 고려하여 온실가스 감축 목표를 제시하게 한 것이죠. 그뿐만 아니라 파리협약에 가입한 국가들은 목표 달성을 위한 5년 단위의 기후 변화 대응 기본계획도 함께 세웠습니다. 이 목표를 파리협정에서는 '국가결정기여(NDC)'라고 합니다. 가입국들이 약속한 온실가스 감축 목표는 다음과 같습니다.

▲ 한국: 2030년까지 2017년 대비 온실가스 24.4% 감축 목표 제시
▲ 영국: 2030년까지 탄소 배출량 68% 감축 목표 제시
▲ 프랑스: EU의 일원으로서 2030년까지 온실가스 배출량 55% 감축 목표 제시
▲ 중국: 2030년 이전에 온실가스 배출 정점(peak year)을 달성하고, 2060년까지 탄소중립 달성 목표 선언

파리협정을 맺은 것이 기후 변화를 막는 데 정말로 효과적일까요? 전문가들은 파리기후협약이 국제사회의 기후 위기 대응이 빨라지는 데 힘을 더했다고 평가합니다. 전 세계 국가들이 기후 위기를 막기 위해 힘을 모았기 때문이지요. 195개국 대표가 서명한 파리협정은 미국, 중국, 인도 등이

같이 참여하지 않았던 이전의 교토의정서를 넘어선 새로운 목표라는 가치가 있습니다. 이전만 해도 선진국과 개발도상국이 온실가스 감축을 놓고 팽팽하게 맞서 논의했지만, 파리에 이르러 드디어 세계가 생각의 차이를 좁히게 된 것이죠.

3. 세계는 아직도 갈등 중!

21세기에 들어서면서 기후 변화는 세계 분쟁과 갈등의 이유가 되었습니다. 이 분쟁들은 물 통제권에 대한 다툼, 자원개발 경쟁, 난민 문제 등 다양한 형태로 나타나고 있습니다.

최후의 미개척지이자 지구의 상처인 북극

북극은 인간의 손이 본격적으로 닿지 않은, 지구의 최후 미개척지 중 하나랍니다. 1989년 최초로 북극점으로 도달되기 이전까지 북극은 단 한 번도 인류가 가까이 다가갈 수 없는 장소였습니다. 수많은 탐험가가 북극의 심한 추위 앞에 항복했고, 수없이 많은 항해자가 표류하는 해빙 앞에서 굴복했습니다. 하지만 북극도 과학기술의 발달로 서서히 그 비밀을 드러내기 시작했습니다. 인간이 북극에 진출한 지는 100년 정도밖에 되지 않지만, 북극 얼음 속에 숨어 있는 가치가 엄청나다는 것을 발견한 것입니다.

북극권은 지구 표면적의 6% 정도에 불과하지만, 약 22%의 미발견된 석유와 가스 자원이 실재하는 것으로 추정됩니다. 또한 인류는 북극항로가 엄청나게 효율적이라는 것을 알게 되었습니다. 북극항로는 북극해를 통해 아시아 동부에서 유럽까지를 잇는 항로를 의미합니다. 이 길을 이용하면 현재 항로보다 거리가 30%나 감소해, 10일 정도의 시간을 단축할 수 있다고 합니다.

하지만 이러한 북극의 가치를 좋은 방식으로 알게 된 것은 아니었습니다. 북극항로와 북극의 자원개발 대부분이 기후 변화로 인해 거대한 빙하들이 녹아내리면서 시작되었기 때문입니다. 지구온난화로 북극 바다의 빙하들이 녹아 대형 선박이 지날 수 있을 정도의 항로가 만들어진 것이지요. 또한 원래는 빙하가 두꺼워 자원을 채굴하지 못했는데 빙하가 녹아 사라지면서 지하자원을 채굴하기 수월해졌습니다. 지금도 북극은 점점 더워지고 북극의 빙하는 더 많이 사라지고 있습니다. 현재와 같은 추세로 북극해의 빙하가 녹게 되면 2040년경에는 여름철 북극 얼음이 완전히 사라지게 될 것이라는 전망도 있습니다. 심지어는 지구온난화로 가능해진 북극 항해와 자원개발 때문에 북극에 버려지는 오염 물질들도 날이 갈수록 많아지고 있습니다. 북극의 다양한 생물들의 삶의 터전이 조금씩 사라져 가고 있었지요.

그런데 북극의 기온 상승에 따른 천연자원 채굴의 가능성이 커지면서 북극을 둘러싼 국가 간의 새로운 분쟁이 일어나고 있습니다. 먼저 북극과 가장 가까운 국가인 러시아가 이 지역의 군사 활동을 전격적으로 확대하

▲ 북극 얼음 속에 잠자고 있는 지하자원과 북극항로

▲ 북극을 둘러싼 국가들의 갈등

며 경제적 권리를 가장 강력하게 주장하고 있습니다. 북극권에 걸쳐 있는 러시아 영토와 영해는 약 300만 km²에 달하는데요. 이는 러시아 전체 영토·영해의 총 18%에 해당하는 범위라고 합니다. 러시아는 북극에서 잠수함과 함선을 앞세운 대규모 해군 훈련을 진행했습니다. 그뿐만 아니라 북극의 카라해 근처 지역에서 액화천연가스(LNG) 이미 개발을 시작한 상태였습니다.

미국 역시 북극에 가까운 북극권 국가 중 하나인데요. 최근 미국은 러시아에 대한 강한 경계감을 보이며 역시 대규모 군사 훈련을 시행했습니다. 이전까지 미국의 북극 정책은 '환경 보호'가 최우선이었습니다. 그러나 최근 트럼프 정부가 발표한 '미국 우선 해양에너지 전략'(2017)에 따르면 북극 정책이 자원개발이나 북서항로 같은 개발 중심으로 방향을 바꾼 것을 알 수 있습니다.

북극해 근처에 있는 나라인 노르웨이나 덴마크도 북극해 자원개발에 적극적으로 나서고 있습니다. 캐나다 역시 자국의 섬과 북극해가 연결되어 있다는 근거로 북극에 대한 소유권을 주장하고 있지요. 북극권 국가가 아닌 중국과 일본도 북극 개발에 참여하고 있습니다. 이 나라들 역시 정책과 연계해 신항로를 개발하는 데 적극적으로 참여하고 있습니다.

최근 북극이 국제사회에서 해양 자원과 해운 등 전략적으로 중요한 지역으로 떠오르면서 국가 간 갈등이 초래되고 있습니다. 빙하 아래 잠자는 광물 자원에 국가 경제의 미래를 거는 것이지요. 하지만 북극에서 계속되는 군사 훈련은 제3차 세계대전을 우려하는 목소리가 있는 만큼 그 냉기류가 심해지고 있습니다. 우리에게는 적당한 자원개발이 필요했을지라도, 그 개발로 인해 빙하가 녹고 북극에 사는 생물이 터전을 잃고 있다는 것을 결코 잊어선 안 됩니다.

말라 가는 강과 호수, 난민의 생계까지 위협하고 있어요

아프리카 서북부에 위치한 모리타니에서 난민으로 사는 소년 야히야가 있습니다. 말리 출신의 야히야는 말라 가는 호수에 마음이 타들어 갑니다. 50℃에 육박하는 더위와 가뭄이 끝없이 이어지면서 가족의 유일한 수입원인 물고기잡이가 어려워지고 있기 때문입니다. 야히야가 원래 살던 고향인 말리의 파기빈 호수는 1970년대부터 점점 가뭄으로 줄어들기 시작하더니 결국 2013년에 완전히 말라 버리고 말았습니다. 그 후 야히야는 다른 마을로 이사를 갔지만 새 마을에 원래 살고 있던 사람들과의 갈등으

▲ 끝없는 더위와 가뭄으로 말라 가는 말리

로 모리타니로 피난할 수밖에 없었습니다. 마을의 자원은 한정적인데 사
람이 늘어나니 갈등이 폭력으로 이어졌기 때문입니다. 수천 명의 말리인
은 물이 없으니 농사짓기도 어렵고 가축을 기르기도 힘들어 생계에 어려
움을 겪게 되었습니다. 그래서 그들은 살기 위해 이웃 나라로 떠났습니다.
하지만 모리타니에 도착한 야히야의 상황은 크게 달라진 것이 없습니다.
새롭게 자리 잡은 마흐무다 호수마저 말라 갈까 걱정이기 때문입니다.

물 부족 현상은 나라 안 지역 간의 분쟁도 불러일으키고 있습니다. 브라
질은 가뭄에 시달려 상프란시스쿠강의 물을 북동쪽으로 모아 흘려보낼
계획을 세웠습니다. 이 강은 브라질 동부의 주요 강 중 하나로, 물을 방류
하게 된다면 북동쪽에 사는 지역 주민들에게 도움이 될 것으로 예상되었
기 때문입니다. 그러나 반대 측에서는 북동쪽의 농업에만 큰 이익을 가져

다주는 것 아니냐고 거세게 비난해 어려움을 겪고 있다고 합니다.

미국에서도 물을 확보하기 위한 지역 간의 경쟁은 심화되고 있습니다. 미국 서부에 있는 캘리포니아의 왕연어는 위기에 처해 있습니다. 지구온 난화로 인해 캘리포니아의 북부에 있는 클라만스강의 온도가 높아지고 수량이 줄면서, 왕연어의 개체 수에 영향을 미쳤기 때문입니다. 그런데도 그 지역의 물 대부분이 현재 캘리포니아 남부의 호아킨 밸리 지역에서 쓰 이고 있다고 합니다. 그 지역에서 재배되는 과일들이나 견과류 생산량을 지속적으로 유지해야 하기 때문이지요. 이에 캘리포니아 내에서 농업용 수를 사용하는 주민들과 왕연어 보호를 원하는 주민들 사이의 물 경쟁이 심해지고 있다고 합니다. 이처럼 온난화된 세계에서는 가뭄이 찾아올 때 마다 위기감이 고조되고 있었습니다.

4. 세계 여러 단체에서 하는 기후 위기를 막기 위한 활동

행동을 통한 긍정적인 변화, 그린피스!

　2050년, 배고파하는 손녀를 위해 할아버지가 먹을 것을 구하기 위해 밤 낚시를 합니다. 하지만 할아버지의 낚싯바늘에 걸리는 것은 플라스틱 쓰레기뿐, 그마저도 낮에는 뜨거운 태양 때문에 집 밖으로 한 발자국도 떼기 어렵습니다. 드디어 며칠 밤을 샌 끝에 할아버지가 겨우 물고기 하나를 잡았습니다. 그런데 잡은 물고기를 손질하기 위해 속을 열어 보니 물고기 안에는 비닐봉지, 일회용 포크 등 플라스틱으로 가득합니다. 여러분들도 유튜브에서 혹시 이 광고를 본 적이 있나요? 광고는 기후 위기로 배고픔에 고생하는 세상을 물려 주지 않도록 우리가 더 환경을 보호해야 한다는 메시지를 담고 있습니다.

　이 광고는 바로 '그린피스(Green Peace)'라는 단체에서 만들었습니다. 그린피스는 전 세계 환경 문제의 원인을 밝히고, 이를 해결하기 위해 평화적이고 창의적인 방법으로 활동하는 국제 환경 보호 캠페인 단체입니다. 현재 아시아, 아프리카, 유럽 등 전 세계 55개국에 사무소를 두고 있습니다. 그린피스는 대표적인 '비정부 단체(NGO)' 중의 하나인데요. 비정부 단체란 지구촌에서 발생하는 다양한 문제를 해결하기 위해 뜻이 같은 사람들이 모여 자발적으로 조직한 단체를 의미합니다. 정부와 관련된 단체가 아닌 순수한 민간 조직이지요.

그린피스의 핵심 가치 중 하나는 환경 문제에 대한 해결책을 제시하는 것입니다. 우리가 일상에서 자주 사용하는 냉장고는 사실 오존층을 파괴하는 물질이 있습니다. 냉장고를 시원하게 만드는 과정에서 필요한 '프레온'이라는 가스가 오존층을 파괴하는 것이지요. 오존층이 파괴되면 지구는 태양으로부터 발생하는 자외선에 과도하게 노출될 수 있습니다. 그린피스는 이러한 환경 파괴를 막기 위해 친환경 냉매 기술로 만든 냉장고 '그린 프리즈'를 개발했습니다. 이 기술을 전 세계가 무료로 사용할 수 있도록 공개해 유엔으로부터 상을 받기도 했지요.

그린피스는 전 세계의 경각심을 깨우기 위해서는 직접적인 행동이 필요하다고 생각했고, 이 행동은 곧 중고 어선을 구매하는 것으로 이어졌습니다. 그 중고 어선이 바로 '레인보우 워리어'입니다. 크고 새하얀 돛이 달린 밝은 녹색의 배. 선체에는 무지개와 하얀 비둘기가 그려져 있습니다. 이 배들은 1991년 알래스카 인근에서 발생한 기름 유출 사고 기록을 남기기 위해 파견되었습니다. 또 스페인 해안에서 영국이 산업 폐기물을 바다에 투기하는 것에 대해 항의하는 시위를 벌이기도 했지요.

▲ 1981년 암스테르담에 정박한 레인보우 워리어

현재까지 활동하고 있는 레인보우 워리어 3호는 선박 역사상 가장 친환
경적인 배로 유명합니다. 에너지원으로 풍력을 사용하고, 재활용하는 물
과 엔진 장치를 이용해 항해하기 때문입니다. 레인보우 워리어 3호는 이
전에 그린피스가 40년 동안 해 온 활동들을 이어 나가며 환경 보호에 대한
경각심을 일깨우고 있습니다. 우리나라에는 2013년에 원전의 위험성을
알리고 한국 정부에 실질적인 대책 마련을 요구하기 위해 방문하기도 했
습니다.

우리의 푸른 별 지구를 지켜요, 세계자연기금!

매년 3월 마지막 주 토요일, 한 시간 동안 불을 끄는 행사인 어스 아워
(Earth Hour)에 참여해 본 적이 있나요? 우리나라에서도 2012년 남산타워

와 63빌딩, 국회, 검찰청을 비롯한 총 63만여 개의 건물이 불 끄기 운동에 참여했습니다. 그 결과 약 23억 원의 에너지를 절약하는 성과를 보였다고 하는데요. 이 캠페인을 주도한 곳이 바로 세계자연기금(WWF)입니다. 어스 아워는 2007년 호주의 시드니에서 처음으로 시작되었습니다. 한 시간 동안 전등을 끄고 기후 변화의 의미를 되새기는 의미 있고 상징적인 캠페인이지요.

세계자연기금은 자연과 인간이 더불어 살아가는 미래를 위해 만들어진 세계적인 비영리 환경 보전기관입니다. WWF는 야생동물 기금을 의미하는 'World Wildlife Fund'의 약자이지요. 이름에서 알 수 있듯이, 이 단체는 야생동식물 보호에 앞장서던 활동가들에 의해 만들었습니다. 이후 점차 활동 범위가 넓어지며 단체명이 'World Wildlife Fund For Nature'로 바뀌었습니다. 1961년 스위스에서 설립되어 현재 세계 100여 개국, 500만 명 이상의 후원자들과 함께 활발한 활동 중입니다. 우리나라에서도 2014년 공식적으로 세계자연기금 한국본부(WWF-Korea)가 설립되어 환경보전 활동을 하고 있습니다.

세계자연기금은 전 세계 국가가 파리협정 목표를 달성하여 온실가스 농도를 줄일 수 있도록 기후가 안정화된 미래를 위해 다채로운 방안을 모색하고 있습니다. 각 기업에 온실가스 배출을 줄일 수 있는, 과학적 기반을 근거로 정의된 방법들을 제공하고 있지요. 기업들이 자발적으로 온실가스 감축 목표를 세우도록 성공적인 모델을 제시하는 것입니다. 또한 기업들이 자발적으로 재생에너지 사용을 확대할 수 있도록 목표를 세우고 이행하는 과정을 지원하는 역할을 하고 있습니다.

기후 위기를 막는 신재생에너지

전 세계적으로 현재 제일 많이 쓰고 있는 에너지원은 석유와 석탄, 천연가스 같은 화석연료입니다. 화석연료는 한정된 양이 있어서, 머지않아 고갈될 확률도 높습니다. 그리고 이미 지구는 인류의 온실가스 배출 증가로 몸살을 앓고 있지요. 그래서 우리는 안정적으로 사용할 수 있는 깨끗하고 지속 가능한 신재생에너지를 사용할 필요가 있습니다.

신재생에너지는 신에너지와 재생에너지가 합쳐진 용어입니다. 신에너지는 기존에 사용되던 화석연료가 아닌, 새로운 에너지를 뜻하지요. 기존의 화석연료를 변환해 이용하는 수소에너지, 연료 전지 등이 그 예시입니다. 재생에너지는 말 그대로 지속해서 얻을 수 있는 에너지를 의미합니다. 바람의 힘을 이용한 풍력 발전, 태양에너지를 이용한 태양열·태양광 발전, 높은 곳에 있는 물의 에너지를 이용한 수력 발전 등이 있지요.

신재생에너지는 사용 시 다른 오염 물질들을 거의 발생시키지 않기 때문에 건강과 환경에 매우 유리합니다. 자연 속에 존재하는 에너지원을 활용하는 만큼 고갈될 걱정도 없습니다. 또한 우리나라는 화석연료와 같은 자원이 없어 에너지 자급도가 낮은데, 신재생에너지의 자체 생산을 늘리면 수입에너지 의존율이 낮아질 수 있다는 장점이 있습니다.

▲ 기존 화석연료를 대체할 수 있는 신재생에너지의 예시인 풍력 발전과 태양열 발전

지구의 온도를 낮출 결심

'탄소중립'이라는 말을 들어 보았나요? 이 키워드는 현재 지구에서 가장 화젯거리인 단어 중 하나입니다. 탄소중립이란 탄소 발생을 흡수하거나 제거해 실질적인 탄소 배출량을 '0'으로 만드는 것을 의미합니다. 이미 세계의 약 70개국 이상이 탄소중립을 선언했고, 영국과 프랑스 등 일부 국가들은 이를 법으로 만들어 명시하였습니다. 우리 정부 역시 2020년 10월에 '2050 탄소중립 계획'을 선언하였습니다.

왜 하필 2050년까지 탄소중립을 이루어 내야 할까요? 지구의 온도 상승을 1.5℃ 이내로 막기 위해서는 2050년까지 탄소중립을 달성해야 하기 때문입니다. 우리 정부는 2050 탄소중립을 위한 10대 과제를 제시하였습니다. 발표한 과제에는 수소차와 전기차 같은 친환경 차의 생산을 확대할 것이라는 내용이 있지요. 또 탄소를 많이 배출하는 사업에 대해서도 저탄소로 전환하는 방향으로 나아갈 것을 촉구할 것이라고 합니다.

우리는 탄소중립을 위해 일상에서 어떤 것들을 실천할 수 있을까요?

첫째, 분리배출을 철저히 하는 것입니다. 재활용품을 버릴 때는 내용물을 비우고, 헹군 후에 재질별로 분류해 배출해야 합니다. 둘째, 가까운 거리는 걷거나 자전거를 이용하는 것입니다. 차를 타야 하는 상황에서는 버스나 지하철 같은 대중교통을 이용하면 1일 기준 98,405톤 이상의 탄소를 줄일 수 있다고 합니다. 셋째, 사용하지 않는 플러그는 뽑습니다. 전기 사용량이 증가할수록 온실가스 발생량도 증가하여 지구가 점점 더 뜨거워진다고 합니다. 사용하지 않는 가전제품의 콘센트를 뽑으면 1년에 약 12.6kg의 온실가스가 줄어들 수 있습니다.

우리 하나하나의 노력이 더해지면 지구의 온도도 조금씩 내려가지 않을까요? 함께 지구를 위해 노력해 봅시다.

5. 지속가능발전을 위한 비전이 필요해요

지속가능발전이 뭐예요?

기후 위기 대책에도 '방향성'이 필요합니다. 바람직한 기후 위기 대책의 방향은 무엇일까요? 여러 가지가 있겠지만 그 근간에는 '미래의 지구를 위한 지속가능발전'을 염두에 둔 대책 수립이 그 어느 때보다도 절실하게 필요한 시기입니다.

지속가능발전(Sustainable Development)이란 '미래 세대가 그들의 필요를 충족시킬 능력을 저해하지 않으면서 현재 세대의 필요를 충족시키는 발전(development that meets the needs of the present without compromising the ability of generations to meet their own needs)'을 의미합니다. 1987년 세계환경개발위원회(WCED)가 발표한 '우리 공동의 미래(Our Common Future)'라는 보고서에서 정의된 개념이지요.

1962년 출간된『침묵의 봄(Silent Spring)』은 DDT와 같은 살충제나 제초제 같은 유독 물질이 생태계 및 인간에게 미치는 영향을 지적하며 과학기술의 발전으로 인한 환경 오염의 심각성을 알렸습니다. 1693년 미국 케네디 대통령은 이 책의 메시지에 영향을 받아 환경 문제를 해결하기 위한 자문위원회를 구성하였습니다. 바깥에선 미 정부 차원의 조치를 요청하는 시민운동이 진행되었지요. 한 권의 책이 당시 사회에 큰 파장을 일으킨 것입니다. 오늘날 많은 사람이 참여하고 있는 지구의 날(4월 22일)이 제정된 것도 바로 이 책이 출간된 시기와 일치합니다. 미국의 전 부통리 앨 고어는 이 책이 출간된 날이 환경운동이 시작된 시발점이라고까지 언급했죠. 과거 과학기술의 발전을 인류의 진보에만 주목하던 전 세계인들에게 인간의 행위가 환경에 미치는 영향에 대하여 경고하는 역할을 한 책이라고 평가되고 있답니다.

　나는 인간이라는 종에 관해 비관적인 견해를 갖고 있다. 인간은 자신의 이익을 위해 너무나도 교묘하게 행동한다.

-『침묵의 봄』중에서

　지속 가능한 발전이라는 개념은 1972년 로마클럽이 발간한 '성장의 한계(The Limits to Growth)' 보고서에서 처음 등장하게 되었습니다. '환경 보호와 지속적인 경제성장은 양립 가능한가?'라는 논의에서 '향후 인구증가와 경제성장이 지속될 경우, 100년 안에 지구의 환경, 식량, 자원은 심각한 파괴적인 상황을 직면하게 될 것이다'라고 지적하며, 지속 가능한 발전

방향 수립의 중요성을 부각하기 시작했지요.

이후 1992년 리우회의(UNCED), 2000년 유엔 새천년 정상회의 등을 거쳐, 2002년 제 70차 유엔 총회에서는 지속가능발전목표(SDGs)를 이행하기로 결의했습니다. SDGs는 2015년 만료된 새천년개발목표(MDGs)에 뒤이어 2016년부터 2030년까지 인류가 달성하기로 결의한 17개 목표 및 169개 세부 방향성을 제시한 의제입니다. '단 한 사람도 소외되지 않을 것(Leave no one behind)'이라는 슬로건과 함께 인간, 지구, 번영, 평화 파트너십이라는 5개 영역 내에서 기후 행동, 빈곤, 기아, 불평등 감소 등의 목표를 제시하며 선진국과 개발도상국, 저개발국을 포함한 모든 국가가 인

▲ 지속가능발전목표(SDGs)

류의 번영과 환경을 보호하는 데 동참할 것을 촉구하고 있습니다. 최근 들어 지속 가능이라는 단어는 환경과 기후 문제뿐만 아니라 기업 경영 및 경제 정책, 국가 정책, 소비자 행동 등 여러 분야에서 확대되어 폭넓게 사용되고 있답니다.

환경 문제에 대한 심각성과 해결 대책에 대한 논의는 오래전부터 지속되어 왔지만 기후 변화의 심각성이 피부로 느껴지는 요즘, 그 어느 때보다도 지속가능성이라는 가치관을 최상위에 둔 기후 대책에 대한 사회적 합의 및 행동적 실천이 절실한 때입니다.

지속 가능한 미래를 위한 기후 변화 대응 대책이란?

지속 가능한 발전을 위해서는 어떤 기후 위기 대책이 필요할까요? '미래 세대와 현세대 모두의 필요를 충족하면서도 미래의 지구를 위한 대책'인 만큼 인간과 자연 간의 공존은 물론 현대 세대와 미래 세대 간의 형평성, 발전과 보존의 현실적인 조화를 고려해야겠지요.

2019년 전 세계 153개국 11,000여 명으로 구성된 '세계 과학자 연합'에서는 '기후 변화 대처를 위한 비상 선언'을 발표한 바 있습니다. 당시 과학자들은 기후 변화를 위한 효과적인 행동을 촉구했습니다. 그 구체적인 방향으로 '화석연료를 재생에너지로 전환할 것, 단기 오염 물질(수소, 불화탄소 등)을 감축할 것, 식물성 식품 섭취, 탄소 감축 경제 체제로의 전환, 지구촌 인구 안정화'라는 내용을 제시했지요.

세계 각국은 SDGs를 이행하기 위한 구체적인 노력 방안을 수립하고 있습니다. 2015년의 파리기후협약을 통해 각국의 온실가스 배출을 감축하여 지구의 평균 온도 상승 폭을 산업화 이전 대비 1.5℃ 이내로 제한하는 등 여러 방면에서 기후 변화를 완화할 수 있는 노력을 기울이고 있습니다.

우리나라 역시 파리기후협약(2015) 및 유엔기후변화협약 당사국총회 이후의 신기후 체제를 대비하기 위해 저탄소 경제성장 정책을 수립하고 있습니다. 구체적으로는 지속가능발전법, 저탄소 녹색성장 기본법, 국제 개발 협력 기본법 등 관련 법률 및 정부 정책을 통해 SDGs의 개별 목표 이행을 위한 정책들을 추진하고 있답니다. 우리 정부는 기후 변화협약상 감축의 의무가 없는 비부속 부서 국가임에도 온실가스 배출권 거래제와 같은 감축 정책을 시행하고 있습니다.

향후 기후 변화 정책 마련과 더불어 우리 사회가 함께 해결해야 할 과제에는 무엇이 있을까요? 우선 각 산업계의 목소리들이 기후 정책 속에 잘 정착될 수 있도록 돕는 면밀한 지원 정책이 마련되어야 할 것입니다. 현재 우리 정부는 '기후 변화 대응 기본계획' 및 '저탄소 녹색성장 기본법' 등에 따라 다양한 적응 대책을 마련하고 있습니다. 현재 3차 기후 변화 적응 대책이 2021~2025년을 대책 기간으로 하여 수립된 상태입니다. 부문별·지역별 기후 변화의 영향과 취약성을 평가한 후 그에 따른 적응 대책이 마련되고 있으며, 기후 변화에 따른 취약 계층·지역 등의 재해 예방에 관한 사항이 국가 기후 변화 적응 대책의 주요 내용으로 논의되고 있답니다.

또한 동시에 국제 탄소 배출권 시장에 대한 국가 구성원들의 이해 및 합의점이 도출될 수 있는 계기가 마련되어야 합니다. 이는 국민의 실천적 행동으로 이어져 기후 위기 대책의 실효성에 시너지 효과를 거두게 할 것입

세계 주요 각국의 기후 변화 방지 대책

EU	높은 수준의 감축 목표 설정 등 파리협정 이행의 모범적 역할 수행 • 2030 기후·에너지 프레임워크 마련 • 2030년까지 온실가스 40% 감축(2090년 대비) 및 재생에너지 비중·에너지 효율 개선 추진 • EU 전역에 걸친 배출권거래제(ETS) 시행 • 자동차 부문에 대한 2030년 온실가스 감축목표 설정
영국	세계 최초 기후 변화법 제정, 청정성장전략 발표 등 선도적 대응 추진 • 2050년까지 탄소배출 제로 목표를 법제화 • 청정성장전략(Clean Growth Strategy)에 따라 해상풍력, 전기차 탄소 포집 및 저장 기술 등에 투자계획 발표 • 2025년까지 석탄발전 종결하는 탈석탄 로드맵 발표
프랑스	기후 변화 대응을 위한 전 세계적 노력 강조 등 리더십 발휘 • EU 회원국에 재생에너지 촉진을 위한 촉진을 위한 탄소 가격 하한제 채택 촉구 • 2040년까지 석유 차량 판매 중단 • 2022년까지 석탄발전 중단 • 신재생에너지 확대를 통해 2025년까지 원전 의존도 50% 축소 법안 발표
미국	• 주요 주 정부, 시민사회의 적극적인 기후 변화 대응 노력 동참 의지 표명 • 뉴욕시, 화석연료에 투자된 연기금 회수 발표 • 매사추세츠주, 발전소 배출권거래제 도입 • 캘리포니아주, 배출권거래제 2030년까지 연장, 2045년까지 탄소 제로화 선언
중국	국제사회 노력에 동참 등 기후 변화 대응 의지 강화 • 2030년까지 GDP당 탄소배출량을 60~65% 감축(2005 대비)하는 목표 설정 • 전국단위 배출권 거래제 도입·시행 계획 • 2020년 온실가스 감축목표(GDP당 40~45% 감축)를 3년 앞선 2017년에 조기 달성 (46%) • 주요 대기 오염 및 온실가스 배출원인 철강 등 중공업 부문에 대한 모니터링 강화 (2018~2020년간) 계획 발표(2018.7)

출처: 제2차 기후 변화대응 기본계획(2019); 기후 변화홍보포털

니다. 기업들 역시 저탄소 경제성장으로의 변화를 긍정적으로 받아들이고, 지속 가능한 미래를 위한 새로운 발전의 원동력으로 삼아야 할 것입니다.

이처럼 관련 법과 정책이 마련되어야 함은 물론 국제사회, 정부, 국민 차원에서 모든 세계시민이 가치관의 변화를 도모하고 실천에 동참할 수

있도록 이끌어야 합니다. 이것이 바로 지속 가능한 방향의 기후 대책일 것입니다.

우리나라의 국제적 실천 현황은요?

기후 변화, 오존층 파괴 등의 문제는 전 세계적으로 영향을 미치며 국제적인 합의와 노력이 있어야 그 해결이 가능합니다. 현재 우리나라는 지구 환경 문제에 밀접하게 대처할 수 있는 역량을 높일 수 있도록 다방면의 노력을 기울이고 있습니다.

특히 기후 변화에 취약한 자연환경과 산업구조를 가진 개발도상국의 안정적인 수자원 확보, 기후 예측 능력 향상, 농업 및 식량 안보, 신재생에너지 기술 지원, 탄소 흡수원 확충, 기후 변화 대응 역량 강화 방안 등을 추진하고 있습니다. 또한 오존층 파괴 물질의 생산과 수입 및 수출 허가 쿼터 제도 강화, 국내 오존층 파괴 물질 생산량 및 소비량 감축 계획의 지속적인 이행, 대체물질 이용 촉진을 위한 자금 지원 등을 추진하고 있지요. 아울러 생물 다양성 보호를 위해 생물 다양성 정보화 사업 추진, 생물산업 기술 연구 및 유전자은행 구축 등을 시행하고 있습니다.

기후 변화	오존층	생물다양성
- 1993년 기후 변화협약 가입 - 2002년 교토의정서 비준	- 1991년 오존층보호를 위한 특정물질의 제조규제 등에 관한 법률제정 - 1992년 몬트리올 의정서 서명	- 1993년 멸종 위기 야생 동식물 국제 거래에 관한 협약 가입 - 1994년 생물다양성 협약 가입 - 1997년 람사협약 가입

출처: KOICA 홈페이지

더불어 중국과 몽골 등의 사막화가 한국과 일본 지역에 미치는 황사 피해에 대해서도 동아시아 차원에서 공동 대응 방안을 모색하고 있습니다. 사막화 방지를 위해 황사 발생 지역의 모래폭풍 원인을 규명하고 방풍림 조성, 대기 오염에 대한 산림 피해 및 회복, 사막화 방지를 위한 수종 개발 및 목초지 조성 기술 연구 등을 실시하고 있답니다.

지구를 위해 할 수 있는 일을
알려 주세요

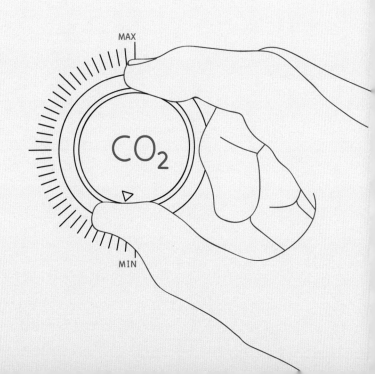

1. 세계의 기후 위기, 청소년이 나서야 할 때

기후 위기, 알고도 행하지 않는 사람은 악마!

　누군가가 여러분에게 "악마와 다르지 않다"라고 이야기한다면 어떤 기분이 들까요? 이 말은 스웨덴 출신의 청소년 환경운동가 그레타 툰베리(16세)가 2019년 9월 23일 미국 뉴욕 유엔본부에서 열린 기후 행동 정상회의에서 세계 지도자들에게 한 말입니다. 각국의 정상이 모인 위압감이 넘치는 자리에서 그들의 잘못을 꾸짖는 그레타 툰베리, 도대체 무엇이 한 소녀의 입에서 악마라는 말이 나오게 한 걸까요?

　회의에 참여하기 1년 전쯤 그레타 툰베리는 SNS에 자신의 사진 한 장을 올렸습니다. 스웨덴 수도 스톡홀름의 국회의사당 앞에서 피켓을 들고 있는 자신의 모습이었습니다. 그리고 그녀는 본인의 SNS에 스웨덴 의회가 기후 변화 문제 해결을 위해 진지하게 나설 때까지 매주 금요일마다 1인

시위를 벌이겠다고 말했습니다.

　변화를 위해 시작한 한 소녀의 움직임은 다른 학생들의 공감을 불러일으켰습니다. 학교를 포기하면서까지 시위에 나서는 친구를 보며 기후 위기가 아주 먼 미래의 일이 아니라는 것을 깨달은 것이죠. 그렇게 전 세계의 그레타 툰베리들이 '기후 위기 극복을 위한 학교 파업 운동'을 시작했습니다. 대신 조금 더 새로운 방향으로요. 바로 시위에 "해시태그(#)"를 등장시킨 겁니다! 세계 각지에서 시위에 참여한 청소년들은 '미래를 위한 금요일(Fridays For Future, FFF)'이라는 해시태그를 걸어 SNS 계정에 올렸습니다. SNS 속 기후 행동은 긍정적인 연쇄효과를 일으켜 2019년 3월 15일에는 전 세계 약 133개국에서 160만 명이 참여하는 동시다발적 일일 동맹휴학이 이뤄지기도 했답니다.

◀ 피켓을 든 그레타 툰베리

그레타 툰베리를 시작으로 세워진 미래를 위한 금요일은 기후 위기 극복을 위한 세계 청소년들의 정기적인 연대 모임이 되었습니다. 지금도 대한민국을 포함한 전 세계에서는 기후 위기 극복을 위한 파업을 꾸준히 하고 있습니다. 각자의 SNS에 이번 기후 파업의 의미와 참여 인증샷을 함께 업로드하는 것도 잊지 않으면서요.

그레타 툰베리의 1인 피켓 시위는 기후 위기에 대한 청소년들의 관심 정도를 보여 주었을 뿐 아니라 기성세대에게 제출한 경고장이었습니다. 기후 위기로 동물과 사람이 고통받고 죽어 가고 있으니 기후 위기 해결을 위해 노력해 달라는 경고를 피켓 시위라는 행동으로 보여 준 것이죠. 그 외침에 응답하기 위해 UN은 그레타 툰베리를 2019년 유엔기후 행동 정상회의의 연설자로 초청하였습니다.

2019년 유엔기후 행동 정상회의는 9월 23일 미국 뉴욕에서 개최되었습니다. 이번 회의에는 60여 개국의 정상과 대표단, 시민사회 지도자 등이 참석했답니다. 2015년 각 나라의 정상은 각국의 온실가스 배출을 감축하여 지구의 평균 온도 상승 폭을 산업화 이전 대비 1.5℃ 이내로 제한하는 목표를 파리에서 세웠는데요. 2019년 회의에서는 파리협정 목표에 도달하기 위한 구체적이고 현실적인 계획을 수립하기 위해 다시 모였습니다. 꽤 진지하고 무거운 자리임을 알 수 있죠.

그레타 툰베리는 이 자리에 참석하기 위해 조금 특별한 선택을 합니다. 바로 태양광 요트를 타고 영국 플리머스 항에서 대서양을 2주간 횡단해 미국 뉴욕에 도착한 것입니다. 온실가스를 배출하는 비행기를 타고 기후 행동 회의에 참석하는 것은 모순이라는 생각에서 비롯된 결정이었죠.

이어 참석한 뉴욕 정상 회의에서 그레타 툰베리는 다음과 같이 연설했습니다.

여러분! 제가 여기에 있으면 안 됩니다. 저는 대서양 건너편에 있는 학교로 돌아가야 합니다. 여러분은 공허한 공약들로 저의 꿈과 어린 시절을 빼앗았습니다. 그래도 저는 운이 좋은 편에 속합니다. (제가 아닌) 세계 곳곳의 사람들은 기후 위기로 고통받을 뿐만 아니라 그들이 사는 생태계가 무너지는 것을 겪고 있으니까요. 우리는 대멸종이 시작되는 지점에 있습니다. 그런데 여러분이 할 수 있는 이야기는 전부 돈과 끝없는 경제 성장의 신화에 대한 것뿐입니다. 도대체 어떻게 그럴 수 있습니까?

지난 30년이 넘는 세월 동안 과학은 분명히 수치로 우리에게 경고했습니다. 우리에게 남은 시간이 많지 않다는 것을요. 그런데 어떻게 그렇게 계속해서 외면할 수 있나요? 그리고는 이 자리에 와서 충분히 하고 있다고 말할 수 있나요? 필요한 정치와 해결책이 여전히 아무 곳에서도 보이지 않는데요.

2030년까지 탄소 배출을 50% 감축한다는 목표는 장기적으로 1.5℃의 지구 온도 상승을 피할 확률을 50%로 줄인다는 의미에 불과합니다. 또한 허상뿐인 기술로 수천억 톤의 이산화탄소를 제거해야 할 임무를 다음 세대에 미루는 것은 책임을 회피하는 것입니다. 여러분은 기후 문제를 회피함으로써 우리 젊은이를 실망시키고 있지만 우리는 여러분들을 지켜보고 있습니다. 우리는 결코 여러분을 용서하지 않을 것입니다.

– 그레타 툰베리 기조연설 중에서

그녀는 기후 행동 정상회의에 참여한 사람들에게 현재 지구의 환경이 맞닥뜨린 문제점을 솔직하게 이야기했습니다. 지금은 경제성장이 아닌 기후 문제 해결을 위해 최선을 다해야 할 시기임을 말하며 각국 지도자들을 강하게 꾸짖었습니다.

또한 그레타 툰베리는 단순히 바꿔야 한다고 외치는 것만으로는 아무런 설득력이 없다는 것을 알고 있었습니다. 그래서 그녀는 과학적인 사실을 바탕으로 즉각적인 기후 정책 마련의 필요성을 역설했습니다. 인류가 계속 온실가스를 배출해서 산불, 홍수 사태, 찌는 듯한 더위가 일상이 되는 재앙이 얼마 남지 않았기 때문입니다. 우리가 의견을 낼 때 단순히 큰 목소리로 강하게 이야기하는 것만으로는 설득력이 없듯 그레타 툰베리도 과학적 사실을 통해 세계 지도자를 압박하여 보다 강력하고 즉각적인 기후 정책 도입의 필요성을 이끌어 낸 것이죠.

만일 그레타 툰베리가 기후 위기를 위해 행동하지 않았다면 어땠을까요? 책이나 유튜브 동영상에서 본 기후 위기의 심각성을 보고 단순한 공감에서 멈췄다면요? 아니 기후 위기에 관한 책이나 영상을 보고도 그 심각성을 느끼지 못했다면 어땠을까요?

물론 그레타 툰베리가 아니라도 전 세계의 청소년 중 일부는 기후 위기 극복을 위해 누군가는 나서야 함을 막연히 느끼고 있었을 것입니다. 다만 그레타 툰베리가 그 불을 일으키는 불씨가 되어 준 것이죠. 툰베리를 통해 청소년들은 직접 행동할 수 있는 '어른'이 되기까지 기다리기에는 기후 위기가 너무나도 긴급한 문제임을 깨닫게 되었습니다.

청소년들의 이런 움직임은 청소년을 바라보는 어른의 시각도 조금씩 변화시키고 있습니다. 청소년은 각자가 원하는 것을 얻기 위해 떼쓰는 존재가 아닌 공동의 목표를 위해 전 세계적으로 함께 연대할 수 있는 존재라는 것을 알게 된 것이죠. 이처럼 청소년에게는 어른과는 다른 특별한 힘이 있습니다. 한 소녀가 전 세계의 청소년들을 하나의 목표 아래 단결하게 하고 각국의 정상을 들썩이게 만들고 2019년 노벨 평화상 후보까지 오른 것처럼 말이죠. 이미 여러분 모두는 또 다른 그레타 툰베리가 될 가능성이 무궁무진한 특별하고 위대한 존재입니다.

그렇다면 여러분, 우리가 살고 있는 대한민국은 기후 위기에서 안전할까요? 앞으로 30년 뒤 대한민국에서 지금과 같은 평범한 일상을 유지할 수 있을까요?

최악의 폭염, 장마, 곳곳에서 일어나는 산불 등 이미 대한민국은 변화하고 있습니다. 뉴스와 책, 각종 미디어에서 수없이 대한민국의 현 상황이 '위기'임을 경고하죠. 슬프게도 이 '위기'의 모습이라도 유지하기 위한 지구 온도 상승의 한계선은 몇 도일까요? 네 맞습니다. 파리협약에서 알 수 있듯 1.5℃입니다.

그렇다면 지난 100년간(1911~2010년) 한국의 평균온도는 얼마나 상승했을까요? 무려 1.8℃가 상승했습니다. 지구의 기온이 1℃씩 오를 때마다 바다의 높이가 약 10cm 정도 올라간다는 것을 생각해 본다면 꽤 심각한 수치임을 알 수 있습니다. 또한 지난 133년(1880~2012년) 동안 전 세계 평균기온이 평균 0.85℃가 상승한 것을 비추어 보았을 때 세계 평균보다 2배 이상 높은 수치를 기록했습니다. 이는 대한민국이 온실가스의 영향을 직접적으로 받고 있다는 것을 의미합니다.

기후 변화가 지금처럼 진행된다면 우리나라의 초등학교 1학년 학생들이 "선생님 봄, 가을, 겨울이 뭐예요?"라고 되묻는 일이 생길지도 모릅니다. 교과서 제목인 봄 여름 가을 겨울 중 봄과 가을, 겨울은 사라져 버린 지 오래일 테니까요. 남아 있는 여름은 어떨까요? 여름마다 폭염 일수가 늘어나 땀이 비 오듯 쏟아지고 집 밖을 한 발자국도 내딛기 어려워질지 모릅니다. 또 모든 것을 쓸어버리는 태풍, 폭우 등이 평범한 일상의 일부가 되어 버릴지도 모릅니다. 줄어들 대로 줄어든 겨울은 눈 대신 비가 주르륵주르륵 내리겠죠.

이런 심각한 상황에서 '그레타 툰베리는 할 수 없다'를 주장하는 대한민국 청소년 단체가 있습니다. 지금껏 청소년들이 직접 행동해야 한다고 외쳤으면서 그레타 툰베리는 할 수 없다니. 갑자기 몸에 힘이 쭉 빠지는 느낌이 들지 않나요? '그레타 툰베리는 할 수 없다'라는 말은 대한민국에서 기후 위기 극복을 위해 목소리를 내고 행동하는 청소년 기후 행동(Youth4 climateaction) 단체가 내건 슬로건입니다. 청소년 기후 행동(이하 청기행)이 이야기하고 싶은 말은 명확합니다. 그레타 툰베리 '혼자서는' 할 수 없다는 것입니다.

즉 기후 문제에서 의미 있는 변화를 일으키기 위해서는 현재 상태에서 조금의 변화와 한 걸음 앞선 해결책을 내세우는 것으로는 부족합니다. 스무 걸음은 먼저 걸어가는 긴급하고 즉각적인 정부 차원의 대처가 필요한 것입니다.

청기행은 청소년의 섣부른 우려가 아닌 과학이 보여 주는 긴급함의 수치로 대한민국 정부를 압박하고자 합니다. 명확한 수치를 보여 주어 정부

이런 단체도 있어요!

죽은 지구에서는 K-pop의 미래도 없다? '케이팝 포 플래닛'은 K팝 가수의 앨범을 수십 장씩 사 모으며 그 앨범의 포장재 등이 고스란히 쓰레기가 되는 것이 안타까워 시작된 청소년 기후 행동 단체입니다.

'지속 가능한 덕질'을 위해 의견을 모은 케이팝 포 플래닛은 여러 활동을 통해 건강한 지구 만들기에 동참합니다. 대표적인 활동 사례로 아이돌 그룹의 엔터테인먼트 사에 친환경 앨범 제작을 요구하기도 하고 방탄소년단의 2021년 앨범 'BUTTER'의 배경이 된 강원도 삼척 맹방해변에서 석탄발전소 건설 반대 운동도 열었습니다. 또한 호주 산불(2019), 터키 산불(2021)이 발생했을 때도 세계 각지 K팝 팬들과 함께 케이팝 포 플래닛 역시 기부로 마음을 보태기도 했습니다.

인종, 국가, 종교에 상관없이 가수를 사랑하는 마음으로 뭉친 세계 각국의 팬들. 우리도 K-pop을 사랑하는 마음을 원동력으로 삼아 기후 문제 해결을 위해 목소리를 높여 보는 것은 어떨까요?

부처 및 국회의원이 '기후 정책'에 관심을 가지고 진정한 변화를 이끌기를 바란답니다.

이제 기후 위기는 더 이상 그레타 툰베리처럼 앞장서서 목소리를 내는 사람만의 전유물이 아닙니다. 책을 읽고 있는 여러분이 고민 없이 자리를 박차고 나서야만 합니다. 모두가 기후 위기에 관심을 갖고 기후 행동을 실천해야만 지금의 상황을 겨우 유지할 수 있습니다. 점차 무시무시해지는 지구에서 살아가야 하는 사람들은 다른 사람이 아닌 바로 우리이기 때문입니다.

2. 지구 아끼기, 우리가 먼저 해요

기후를 위한 최고의 선택, 덜 쓰고 덜 먹어요

쓰레기 없는 삶, 과연 가능한 일일까요? 아침에 눈 뜨고 저녁에 눈 감을 때까지 사실 우리는 쓰레기로 둘러쌓여 있다고 해도 과언이 아닙니다. 입이 심심해서 까먹는 초콜릿 바 하나를 살펴볼까요? 초콜릿 바가 감히 깨질까 곱게 포장한 비닐 껍질, 또 그 비닐 껍질을 다시 한번 감싼 작은 상자에 이르기까지 우리의 하루는 쓰레기의 연속입니다.

그런데 말이죠. 만일 내가 버린 쓰레기가 우리나라의 태풍과 폭염으로 돌아온다면 어떨까요? 만화 같은 이야기이지만 사실 우리가 배출하는 쓰레기와 기후 문제를 일으키는 주원인인 온실가스는 떼려야 뗄 수 없는 사이랍니다. 쓰레기와 기후, 이 둘은 대체 어떤 관계가 있는 걸까요?

먼저 우리 주변에서 쓰레기가 가장 많이 배출되는 곳인 교실을 살펴봅시다. 교실 속 종량제 봉투가 어떻게 처리되는지 간단하게 알아볼까요? 우리가 사용한 쓰레기는 지정, 생활, 배출 시설계, 건설 쓰레기 중 생활폐기물에 속해 종량제 봉투에 담깁니다. 종량제 봉투는 집하장으로 가서 각 쓰레기의 종류에 맞게 분리가 됩니다. 종량제 봉투 속 페트병은 페트병대로 유리병은 유리병대로 분리되는 것이죠. (분리수거를 잘했다면 이 과정이 필요 없겠죠?) 이렇게 모인 생활계 폐기물은 쓰레기 처리장에서 소각되고 매립되는 과정을 거칩니다. 불에 타는 쓰레기는 소각되고 그렇지 않은 쓰레기는 땅에 묻히지요.

이때 1톤가량 무게의 생활계 폐기물이 연소될 때마다 약 0.8톤의 이산화탄소가 대기로 방출돼서 온실가스를 내뿜습니다. 어마어마한 양이죠. 하지만 아직 놀라긴 이릅니다. 쓰레기를 땅에 묻었을 때 일정 기간이 지난 뒤 쓰레기가 부패하면서 이산화탄소와 메탄가스가 발생하기 때문입니다. 이때 발생하는 메탄은 이산화탄소보다 27배나 높은 온실가스를 내뿜습니다. 결국 사용한 쓰레기를 처리하는 과정에서 다량의 온실가스가 발생하는 것이지요.

그렇다면 대체 우리나라에 얼마만큼의 쓰레기가 발생하고, 그 쓰레기로 대량 어느 정도의 온실가스가 발생하는 걸까요? 폐기물 발생량 추이를 나타낸 표를 함께 살펴봅시다. 2014년 1일 쓰레기 발생량은 총 401,658톤이었고 2019년에는 90,000톤이 증가한 497,238톤의 쓰레기가 발생했습니다. 어마어마한 양이죠? 단 하루에 발생하는 쓰레기의 양이 대략 50만 톤 정도 된다니.

교실에서 대청소 후 담는 아주 큰 50L 정도 크기의 종량제 봉투에 쓰레

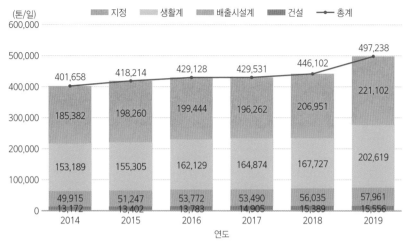

(톤/일)

▨ 지정　▨ 생활계　▨ 배출시설계　▨ 건설　—●— 총계

연도	2014	2015	2016	2017	2018	2019
총계	401,658	418,214	429,128	429,531	446,102	497,238
지정	185,382	198,260	199,444	196,262	206,951	221,102
생활계	153,189	155,305	162,129	164,874	167,727	202,619
배출시설계	49,915	51,247	53,772	53,490	56,035	57,961
건설	13,172	13,402	13,783	14,905	15,389	15,556

▲ 전국 폐기물 통계 조사를 통해 본 연도별 폐기물 발생량 추이

출처: 2019년 진단결과보고서 전국폐기물통계조사, 한국폐기물협회

기를 꾹꾹 눌러 담아 사용했다면 무게는 대략 10kg쯤 됩니다. 50L의 종량
제 봉투의 100개가 1톤쯤이니 50만 톤의 쓰레기는 얼마나 많은 양인지 가
늠조차 되지 않습니다.

　자, 이제 그럼 우리가 하루에 발생시키는 온실가스의 양을 대략 계산해
볼까요? 아까 1톤의 쓰레기가 0.8톤의 이산화탄소를 발생시킨다고 했죠?
하루에 대략 40만 톤의 이산화탄소가 쓰레기로 인해 생산되고 있다는 것
을 알 수 있네요. 겨우 하루일 뿐인데 정말 어마어마한 양의 이산화탄소가
발생하고 있습니다. 거기에 매립된 쓰레기는 메탄가스까지 발생시킨다고
하니 많은 양의 온실가스가 쓰레기로 인해 차곡차곡 쌓이고 있습니다.

　한 가지 다행인 점은 모든 쓰레기가 다 매립되거나 소각되는 것은 아니
라는 것입니다. 우리에게는 재활용이라는 마지막 희망이 있기 때문이죠.
가정에서도 학교에서도 마트나 식당에서도 우리나라는 분리배출을 생활

화하고 있습니다. 엄마 아빠가 아장아장 걷는 아기 손을 잡고 함께 나와 종이는 종이류에 플라스틱은 플라스틱류에 분리하여 넣는 모습을 심심치 않게 볼 수 있습니다. 이 모든 분리배출은 자원을 재활용하기 위한 첫걸음이죠.

실제 한국은 2017 환경성과평가 보고서에서 경제협력개발기구(OECD) 국가 중 대표적인 '재활용 모범국'으로 뽑혔습니다. 그렇다면 과연 우리가 분리배출하여 버리는 쓰레기들은 모두 재활용이 될까요? 슬프게도 그렇지 않습니다. 우리나라의 실질 재활용률은 40%에 불과하기 때문이죠(한국환경공단, 2018). 분리배출한 폐기물이 10개라면 그중 6개는 재활용되지 못한다고 합니다.

역설적이게도 우리는 쓰레기 '처리' 방법에 몰두해 버린 나머지 쓰레기를 '만들지 않는 것'의 필요성을 잊고 살아갑니다. 다시 말해 재활용과 같은 쓰레기 처리에는 열심이지만 쓰레기양 자체를 줄이는 것에 대한 인식은 아직 부족한 것입니다.

하지만 관점을 조금 바꾸어 본다면 우리는 이미 쓰레기를 분리하여 배출하고 재활용하는 것에 도가 터 있습니다. 재활용을 통해 온실가스를 줄이려는 노력을 전 국민이 함께 매일 하고 있는 것이죠. 여기에서 쓰레기 자체를 줄이려는 시도로 나아간다면? 그 효과는 배가 되지 않을까요?

쓰레기를 만들지 않는 삶

쓰레기 줄이기를 먼저 실천한 사람이 있습니다. 2008년 미국 캘리포니아주에 사는 비 존슨 (Bea Johnson)이 바로 그 예입니다. 비 존슨은 제로 웨이스트의 삶을 실천하고 이를 전 세계적으로 확산시킨 환경운동가입니다. 제로 웨이스트, 뭔가 익숙한 듯 생소한 이름이죠? 제로 웨이스트는 사전적으로 '제로(ZERO)'와 '웨이스트(WASTE)'의 합성어로서 '쓰레기가 전혀 없다'라는 의미입니다.

쓰레기가 전혀 없는 삶? 영 쉽지 않을 것만 같습니다. 비 존슨은 그런 여러분을 위해 자신이 쓴 책 『나는 쓰레기 없이 살기로 했다』에서 제로 웨이스트의 실천을 위한 5R 원칙을 제시했답니다. 5R 원칙은 알파벳 R로 시작하는 5가지의 원칙을 뜻합니다. 순서대로 하면 더 효과가 좋다고 하니 천천히 하나씩 알아볼까요?

먼저, 필요하지 않은 것은 거절하기(Refuse)! 점원의 "봉투 드릴까요?" 하는 상냥한 질문에 "괜찮습니다" 하고 당당히 답하는 것을 의미합니다. 또 음식을 주문하는 배달 애플리케이션에서 플라스틱 빨대, 일회용 수저 등을 '필요 없음'으로 체크하는 것 역시 좋은 예이죠. 실제로 배달 애플리케이션 3사에서 이 버튼(일회용 수저, 포크 안 주셔도 돼요) 하나를 추가한 이후로 한 달 동안 일회용 수저 6,500만 개가 감소했다고 합니다.

둘째, 필요하며 거절할 수 없는 것은 줄이기(Reduce)! 새 제품보다는 중고 제품을 사용하고 버리기 대신은 주변 이웃과 나누는 습관이 중요합니다. 대표적인 예로 집 근처 주변 사람들과 제품을 나누거나 저렴한 가격에 판매하는 중고 플랫폼을 적극 활용하는 것이죠.

셋째, 소비하면서 거절하거나 줄일 수 없는 것은 재사용하기(Reuse)! 재사용이란 다 쓴 물건을 버리지 않고 손질하여 다시 사용하는 것을 의미합니다. 재활용은 특별한 기술력이 필요하지만 재사용은 집에서도 손쉽게 할 수 있는 일이랍니다.

넷째, 거절하거나 줄이거나 재사용할 수 없는 것은 재활용하기(Recycle)! 어쩔 수 없이 발생한 쓰레기는 재활용하기 위해서 최대한 노력하는 것이죠. 주변의 재활용품 상점을 알아보고 상점을 자주 이용하는 것 역시 좋은 방법입니다.

마지막은 분해하기(Rot)입니다. 일회용품을 사용해야 하는 불가피한 상황이라면 '잘 썩는' 생분해성 일회용품을 선택하는 것이 좋습니다.

어떤가요? 말만 들어도 머리 아프고 어려울 것 같다고 생각하는 친구도 있을 것 같고, 이미 내가 하고 있는 일들이군 하며 뿌듯한 친구도 있겠네요. 결국 5R은 프리 사이클링(재활용 이전에 폐기물을 아예 만들지 않는 것)을 목표로 하는 것입니다. 그렇지만 여러분이 제로 웨이스트를 하면서 꼭 알아 두어야 할 것이 있습니다. 쓰레기를 줄이려고 노력하며 스트레스를 받지는 말라는 것입니다. 쓰레기를 버리면 안 된다는 강박에 사로잡히면 환경운동 자체를 부담스럽게 느끼고 쉽게 피로해져서 영 하기가 싫어지거나 단순한 일회성 이벤트가 되어 버리기 때문이죠.

나만의 '제로 웨이스트'를 시작할 때 무리하지 않고 내가 할 수 있는 범위 내의 쓰레기를 줄이는 것을 권장합니다. 처음에는 가볍게 시작하는 거죠. 좋은 선택 기준 하나를 마음속에 만든다고 생각하면 어떨까요? 필요하지 않은 봉투는 받지 않는 선택, 카페에서 일회용 컵 대신 텀블러를 사용하는 선택 등 선택의 갈림길에서 기후를 위해 고민하고 기후를 위한 결정을 내리는 것이죠.

그래도 어렵게만 느껴질 여러분들을 위해 '청소년들이 실천할 수 있는 제로 웨이스트 체크리스트'를 준비했습니다. 나는 평소에 얼마나 실천하고 있는지 살펴보고 이 중 내가 실제로 할 수 있는 것에 체크해 봅시다. 처음에는 어렵고 번거로워 보이지만, 하나씩 시도해 보면 나도 실천해 볼 수 있겠구나 하고 자신감이 생길 것입니다.

앞서 말했듯 우리가 입고 있는 옷, 먹은 음식, 음식을 먹기 위해 탄 차, 손에 쥔 핸드폰 등 우리의 모든 일상생활에서 사용하는 것들은 온실가스를 내뿜습니다. 대부분 제품은 공장에서 만들어질 때 화석연료를 사용하

tip

청소년들이 할 수 있는 제로 웨이스트 체크리스트

비닐봉지 대신 에코백 사용하고 있나요? ( )
 - 131회 이상 사용해야 효과가 있어요.
일회용 컵 대신 텀블러를 사용하고 있나요? ( )
 - 220회 이상 사용해야 효과가 있어요.
 * 리바운드 효과 방지

액상 샴푸 대신 바 형태의 고체 샴푸 사용하고 있나요? ( )
종이 영수증 대신 전자 영수증을 발급받고 있나요? ( )
음식을 포장할 때 다회용기 사용하고 있나요? ( )
나무 칫솔과 고체 치약 사용하고 있나요? ( )
분리수거는 잘하고 있나요? ( )
재활용 브랜드를 사용하고 있나요? ( )

에코백이나 텀블러 등 다회용품은 집에 보관만 해 놓으면 아무런 효과가 없어요. 에코백은 무려 131회 이상을 사용해야만 환경 보호 효과가 있습니다. 에코백을 만들 때 배출된 탄소의 양 역시 무시할 수 없기 때문이죠!
*리바운드 효과: 환경을 위해 한 행동이 오히려 환경에 악영향을 미치는 경우를 의미합니다.

고 폐기되는 과정에서도 탄소를 사용하니 말이죠. 그리고 그 온실가스는 기후 위기에 직접적인 영향을 미칩니다.

온실가스를 줄이기 위해 모두 옷을 계절별로 한 벌만 입고, 음식은 채식만을, 가능하면 자동차 대신 걸어 다니며, 핸드폰은 태양광으로 충전하는 삶을 살면 되겠지만 쉽지만은 않습니다. 친환경 자동차, 태양광 발전기, 재활용품 시장 등 기후 위기로부터 우리의 일상을 보호하려는 움직임이 널리 퍼져 있어도 상당한 기술력과 자본이 필요한 것이 현실이니까요.

그러한 관점에서 제로 웨이스트가 뜻깊은 이유는 지금 '당장' 실천할 수 있기 때문입니다. 아무런 준비물 없이 지금 '당장' 말이죠. 고민 없이 자리를 박차고 일어나 가장 작은 것부터 실천해 봅시다. 체크리스트 1번부터 8번까지 중 내 마음에 드는 것 한 가지만 골라 봐도 좋습니다. 가벼운 마음으로 시도해 본 여러분의 그 한 걸음이 30년 아니 1년 뒤의 대한민국의 기후 온도를 낮추는 첫걸음이 될 테니까요.

tip

오프그리드

하루 종일 손에 붙잡고 있는 핸드폰이 사라진다면 어떨까요? 핸드폰뿐만 아니라 폰을 충전할 전기도 가스도 심지어 수도 시설마저 없다면요?
2018년 tvN에서 방영된 〈숲속의 작은 집〉이라는 예능 프로그램의 콘셉트입니다. 유명 피디와 연예인이 함께 찍은 이 프로그램은 제목 그대로 숲의 작은 집에서 자급자족하는 모습을 조명합니다. 전기, 가스, 수도와 같은 시설마저 없는 '오프그리드 라이프'를 보여 줍니다. 불편할 것만 같은 이곳에서 출연자는 낮잠을 자기도 아까울 정도로 행복하다고 이야기합니다.
모든 도시적 시설이 사라진 곳에서 최소한의 필요한 물품으로 나의 마음속을 차분히 들여다보는 경험, 색다를 것 같지 않나요?

3. 환경보호 캠페인으로 소중한 일상을 지켜요

용기(courage)내서 용기(container) 내어 볼까요?

"할 수 있어 용기 내!" 이 말을 들으니 어떤 장면이 떠오르나요? 운동회에서 가장 뒤처져 달리는 친구를 응원하는 장면이 떠오르기도 하고 짝사랑하는 사람에게 고백하러 가는 친구 뒤에 대고 격려하는 장면이 떠오르기도 합니다. 이처럼 용기를 내라는 말은 상대에 대한 애정과 지지를 보여 주는 말입니다.

그렇다면 '용기내 챌린지'를 들어 본 적이 있나요? 용기내 챌린지의 뜻은 '용기'라는 단어가 가진 두 가지 의미에 조금 더 집중해야 맞힐 수 있습니다. 힘내라 힘! '용기(勇氣)'와 그릇을 담는 '용기(容器)'라는 두 가지 뜻이 모두 사용되거든요. 용기(勇氣)를 내서 용기(容器)를 내 보자는 뜻의 환경보호 운동입니다. 즉 일회용품, 플라스틱 사용을 줄이기 위해 용기를 내서 다회용기에 음식을 담아 오는 행동을 뜻하는 것입니다.

겨울 방학을 맞이한 하영이(가칭)의 하루를 간단히 살펴봅시다.

하영이는 아침부터 기분이 좋습니다. 일찍 일어나서 학교에 가지 않아도 될뿐더러 오늘은 엄마가 점심을 사 먹으라고 용돈도 넉넉히 주고 가셨거든요. 방학 첫날부터 배달 음식을 시키기는 조금 찝찝하지만 배달 애플리케이션 속 생과일주스와 떡볶이의 유혹은 참기가 어렵습니다. 배달 애플리케이션 창만 껐다, 닫았다 반복하기를 수십 번째. 드디어 배달이 시작되는 1시가 되자 하영이는 미리 장바구니에 담아 둔 떡볶이와 튀김, 생과일주스를 주문했습니다. 환경을 생각해서 '일회용 수저 젓가락 필요 없음'에 체크하는 것도 잊지 않고요! 완벽한 점심을 먹고 나서 기분 좋은 마음으로 뒷정리를 하려는데 아뿔싸! 식탁 위에 놓인 수많은 포장 용기가 눈에 들어옵니다. 아… 분명 내가 시킨 건 얼마 안 되는 것 같은데 눈앞에 보이는 플라스틱 용기는 왜 이리도 많은 걸까요?

▲ 배달 서비스와 함께 오는 일회용품

누구나 한 번쯤은 하영이와 비슷한 경험을 했을 겁니다. 배달 음식은 이제 가끔씩 경험하는 특별한 일이 아닌, 일과 중 하나가 되었으니까요. 녹색 연합의 통계 자료에 따르면 코로나19 이후 하영이와 같이 배달을 즐기는 사람들의 수가 증가했다고 합니다. 2019년 9월에 비해 2020년 9월 음식 배달 건수는 무려 83%가 증가했습니다. 물론 배달된 음식은 고스란히 일회용품 용기에 담겨 왔습니다. 그렇게 대한민국에서는 단 하루 만에 830만 개의 배달용 일회용품 쓰레기가 생겨나고 있습니다.

쉽게 쓰고 버려지는 대부분 일회용품은 석유를 재료로 한 플라스틱으로 만들어졌습니다. 플라스틱은 가소성을 가지고 있는 물질로 열과 압력을 가하면 자유자재로 모양을 변형하기 쉬워 다양한 제품을 만들 수 있다는 큰 장점이 있기 때문이죠. 그렇다 보니 위생이 강조된 코로나19 시기에 플라스틱은 배달에 없어서는 안 되는 존재가 되어 버렸습니다. 바이러스를 차단한다는 명목으로 이곳저곳에 플라스틱 포장이 침투한 것이죠.

사실 코로나19 이전에도 우리는 플라스틱 사용량이 꽤 많았습니다. 2016년 미국 국립과학공학의학원의 조사에 따르면 한국의 1인당 연간 플라스틱 사용량은 88kg으로 미국(105kg), 영국(98kg)에 이어 세 번째로 많습니다. 놀랍지 않나요? 우리나라에서 한 사람 손으로 버려지는 플라스틱 쓰레기의 양이 성인 남성의 평균 몸무게보다 많다니!

이제 우리 삶에서 떼려야 뗄 수 없는 존재가 되어 버린 이 플라스틱, 안타깝게도 플라스틱에는 치명적인 단점이 있습니다. 바로 플라스틱의 시작과 끝에 늘 온실가스가 함께한다는 것입니다. 플라스틱은 폐기되는 과정에서도 잘 썩지 않고 좀비처럼 오래 살아 있습니다. 내가 태어난 날 버렸던 플라스틱이 해양을 둥둥 떠다니다 작게 갈려 오늘 우리 집 저녁 식탁에 올라왔을지도 모릅니다.

따라서 최근에는 기후를 위한 행동을 진지하게 고민하고 받아들이는 사람들이 점차 늘어나고 있습니다. 일회용기 대신 텀블러를, 비닐봉지 대신 장바구니를 쓰기 시작했지요. 그동안 모두에게 배달용 일회용기를 버릴 때마다 마음 한편에 남았던 찝찝함이 있었던 게 아닐까 싶습니다.

그리고 용기내 챌린지는 이런 사람들의 소중한 죄책감과 행동력을 십분 활용하였지요. 그 양심을 콕콕 찌르는 불편한 마음을 모아 '다회용기 사용을 일상화하자'라는 취지로 2020년 그린피스 서울 사무소에서 챌린지를 시작한 것입니다.

용기내 챌린지는 환경운동이라는 거창한 이름에 비해 누구나 지금 당장 빠르게, 또 손쉽게 시작할 수 있다는 점에서 매우 효과적인 기후 행동입니다. 단순히 생각해 보면 먹고 싶은 것을 정하고 음식이 넘치지 않을 크기의 용기를 챙긴 후 나서기만 하면 됩니다. 불필요한 껍데기 대신 내가 원

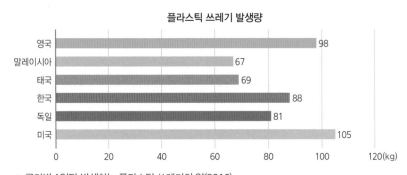

플라스틱 쓰레기 발생량

국가	발생량(kg)
영국	98
말레이시아	67
태국	69
한국	88
독일	81
미국	105

▲ 국가별 1인당 발생하는 플라스틱 쓰레기의 양(2016)
출처: 미국 국립과학공학의학원(NASEM) '세계 해양 플라스틱 쓰레기에 대한 미국의 역할 평가' 보고서 (2016)

하는 알맹이만 챙겨 오는 거죠.

용기내 챌린지를 통해 깨달음과 뿌듯함을 느낀 사람들이 점차 늘어나고 있다는 것은 사회 관계망 서비스(SNS)을 통해 한눈에 알아볼 수 있습니다. 일회용 컵 대신 텀블러에 커피를 비닐봉지 대신 시장 바구니를 일회용 플라스틱 그릇 대신 냄비를 사용한 후 인증샷으로 남기고 자신만의 SNS 공간에 업로드함으로써 주변 사람들에게 긍정적인 연쇄효과를 일으킨 것입니다. 2022년 2월 기준 유명 SNS 플랫폼인 인스타그램에는 '#용기내' 해시태그를 단 글이 4만여 개, '#용기내캠페인' 관련 글도 1만 4천 개 넘게 올라와 있습니다.

기후 위기에 대한 사람들의 진심 어린 걱정과 이에 따른 행동을 눈여겨본 가게들은 그 흐름에 동참하여 손님을 끌기도 합니다. 스타벅스, 투썸플레이스, 파스쿠찌, 엔제리너스, 이디야 등 주요 커피전문점 업체들은 매장에서 개인 컵을 사용하는 고객에게 100~500원의 할인 혜택을 제공합니다. 고객은 지구를 지키며 할인 혜택을 받고 커피 전문점은 친환경 기업의 이미지를 얻을 수 있으니 누이 좋고 매부 좋다는 옛 속담은 이럴 때 사용하는 것이 아닐까요?

용기내 챌린지는 커피와 음식 같은 식료품에만 한정되지 않습니다. 우리가 매일 사용하는 세제, 섬유유연제, 화장품 등등의 다양한 품목들이 용기내 챌린지의 대상이 되고 있지요. 친환경 리필 용기만 있으면 보다 저렴한 가격에 샴푸와 바디워시 등의 제품을 충전하여 사용할 수 있으니 손님들에게도 큰 인기입니다.

아직 시범 단계이지만 배달 업계에서도 용기내 챌린지에 한 발 더 다가

▲ 커피 전문점에서 사용하는 개인 컵

서고 있습니다. 주요 배달 애플리케이션 중 한 곳은 음식 주문 시 이용료 1,000원을 내면 다회용기를 선택할 수 있도록 바뀔 예정이라고 합니다. 사용한 다회용기를 문 앞에 내놓으면 전문 업체가 세척, 소독, 살균 작업 후 다시 음식점에 가져다주는 형식으로 말이죠.

우리 삶에서 플라스틱을 완전히 없앨 수 있을까요? 아마 쉽진 않을 겁니다. 앉은 자리에서 고개만 돌려보아도 우리 주변은 플라스틱으로 뒤덮여 있으니까요. 그렇다고 무기력하게 포기한 채 시도하지 않을 수는 없습니다. 내 주변을 뒤덮은 플라스틱 중 나에게 필요하지 않은 것은 당당히 거절하는 용기가 필요합니다.

자, 이제 우리도 용기를 낼 시간입니다.

한 시간 불 끄기로 112만 7,000그루 나무를 심어요

3월 마지막 주 토요일 오후 8시 30분, 어둠이 대한민국 수도 서울을 뒤덮습니다. 저녁에도 한낮처럼 밝던 평소의 서울은 온데간데없습니다. 남산 서울타워, 롯데월드타워, 숭례문을 비롯한 서울시 주요 랜드마크의 전

등이 소등된 것입니다. 사람들은 어리둥절한 표정으로 주위를 둘러보고 있습니다. 대한민국에서 9,000km 떨어진 프랑스 파리의 사정도 다르지 않습니다. 파리의 상징이라 할 수 있는 에펠탑의 전등도 모두 다 꺼졌거든요. 미국 뉴욕의 타임스퀘어, 이집트의 피라미드, 호주 시드니의 오페라하우스 등 다른 주요 도시까지도요! 세계에는 무슨 일이 일어난 걸까요?

놀랍게도 전 세계 대도시에 찾아온 이 어둠은 매년 3월 마지막 주 토요일마다 반복되고 있는 캠페인의 일부 모습입니다. '지구촌 불 끄기(Earth hour)'라고 불리는 이전 지구적 캠페인은 'Earth(지구)+Hour(시간)'라는 글자 그대로 지구를 위해 불을 끄는 한 시간을 의미합니다. 1년의 8,760시간 중 지구를 위한 단 한 시간의 투자, 무엇을 밝히기 위한 어둠일까요?

지구촌 불 끄기는 세계자연기금(WWF)이 주최하는 환경운동 캠페인입니다. 이 캠페인에 참여한 사람들은 매년 3월 마지막 주 토요일에 주변의

▲ 불 꺼진 시드니 오페라하우스와 하버 브리지

모든 전등을 한 시간 동안 소등합니다. 제1회 행사는 2007년 호주 시드니의 220만여 곳에서 시작되었고 그 이후 전 세계로 확산되어 지금은 188개국 7,000여 개의 도시가 참여하는 국제적인 캠페인으로 발돋움하였습니다.

지구촌 불 끄기는 지구에게 '쉼'을 주고자 하는 마음이 모여 시작되었습니다. 저녁도 낮처럼 환하길 바라는 마음에 발명된 전등, 그 전등이 생겨난 이후 지구에게는 조금의 휴식도 허락되지 않았기 때문입니다. 전기뿐만이 아닙니다. 인류가 만들고 사용하고 버리는 모든 것들이 탄소를 배출했고 꾸준한 탄소 배출은 기후 위기를 가져와 지구를 위협했습니다.

기후 위기로 인한 기온과 강수량의 증가는 인간에게 큰 재앙을 가져오기도 하지만 함께 지구를 공유하고 있는 다른 생명체에게는 삶의 종말을 불러옵니다. 죽음을요! 아마 사람들은 또 어떤 혁신적인 기술을 발전시켜서라도 어떻게든 재앙뿐인 지구에서 살아남을 방법을 찾아낼 것입니다. 그리고 그렇게 발전하는 동안 인간과 함께 살아간다는 죄로 수없이 많은 생명체가 희생되고 지구에서 자취를 감추겠지요.

인간의 이기심은 바다, 숲, 사막, 습지 등 주요 생태계를 끊임없이 위협하고 있습니다. 실제 2020년 11월 세계자연기금(WWF)이 발표한 지구 생명 보고서에 따르면 전 세계 척추동물종들의 개체군의 규모가 평균 68% 감소했다고 합니다. 우리 주변에서 볼 수 있었던 동물들을 이제는 백과사전 속에서 혹은 꾸며진 환경 속에서 겨우 한두 마리 정도만 볼 수 있게 되었다는 의미입니다. 수온 상승으로 해양 생태계의 생물종이 변화했고 경제 발전이라는 명목하에 자행한 무분별한 개발로 초원과 사바나, 산림, 습지의 생물 다양성은 기하급수적으로 감소하고 있습니다(WWF 지구생명보고서 2020).

이 캠페인의 주최 측인 세계자연기금은 지구촌 불 끄기 캠페인으로 전 세계 사람들이 잠시나마 불편함을 느끼고 인간에 인한 기후 변화의 심각성을 인식하도록 함에 그 목적이 있다고 밝혔습니다. 한 시간의 소등을 통해 인간이 파괴한 자연과 우리로 인해 변화하고 있는 기후의 모습, 이로 인해 파괴된 생태계의 의미를 되새기는 것이죠.

캠페인의 의도에 공감한 전 세계 사람들은 너도나도 앞서 지구촌 불 끄기 행사에 동참하기 시작했습니다. 프랑스 파리 에펠탑, 미국 뉴욕 타임스퀘어, 중국의 만리장성, 일본 도쿄타워, 영국 런던 시계탑 등 한 번쯤은 들어봤을 세계의 유명한 장소들이 매년 3월 마지막 주 토요일 빛을 포기한 채 어둠 속에 잠들어 있습니다. 우리나라는 지구촌 불 끄기 행사에 2009년부터 참여했으며 2012년부터는 세계자연기금 어스 아워 한국사무소와 환경부가 공동으로 행사를 주최하고 있습니다.

남산타워, 만리장성, 런던 시계탑 등 이름만 들어도 놀라운 장소들을 연달아 듣다 보니 각국의 유명한 장소만 참여하는 캠페인이 아닌가 싶습니다. 그렇다면 에펠탑도 아니고 도쿄타워도 아닌 우리 집은 캠페인의 대상이 아닌 걸까요? 그럴 리가요!

이 캠페인의 주최 측인 세계자연기금는 한 명 한 명 개인의 참여가 그 무엇보다 중요함을 강조합니다. 주요 관광지뿐만 아니라 기업의 건물, 나아가 개인이 살고 있는 집에 이르기까지 각계각층에서 캠페인에 참여할 때 그 의미가 더 크기 때문입니다.

2020년 대한민국에서는 캠페인에 참여하는 사람들을 위해 '한석봉 챌린지'라는 색다른 방법을 제안하기도 했습니다. '난 떡을 썰 테니 너는 글씨를 쓰거라'의 그 한석봉입니다. 참여 방법은 간단합니다. 먼저 3월 마지막 주 토요일, 지구와 약속한 8시 30분이 되면 집안에 모든 불을 끕니다. 그리고 어둠 속에서 WWF의 4가지 서약 중 하나를 종이에 쓰는 것입니다. 마지막으로는 내가 적은 서약을 지키기 위해 일 년간 최선을 다해 보는 것이지요.

WWF의 4가지 서약
1. 나는 식습관을 바꾸겠습니다.
2. 나는 신재생에너지를 사용하겠습니다.
3. 내가 사는 곳의 자연을 원래대로 돌리기 위해 노력하겠습니다.
4. 나는 소비 습관을 바꾸겠습니다.

이처럼 지구촌 불 끄기 캠페인은 몇 해를 걸쳐 거듭 반복되면서 시대에 맞게 다각적으로 변화하고 있습니다. 캠페인의 시작과 끝을 유튜브 같은 플랫폼에서 스트리밍 서비스를 하기도 하고 해시태그(#)를 적극 활용하여 캠페인에 참여한 사람들의 인증샷을 독려하기도 합니다. 매년 3월 마지막 주 토요일 오후 8시 30분이 되면 전 세계 사람들은 SNS로 모여 어둠 속의 한 시간을 함께 보낸다고 합니다. 세계인과 함께 지키는 한 시간의 약속, 의미 있는 색다른 경험일 것 같지 않나요? 또 캠페인에 참여한 후 자랑스럽게 인증샷을 SNS에 남겨 보는 것 역시 뜻깊은 순간이 되겠지요.

그렇다면 전 세계인의 소망을 담은 한 시간의 소등, 과연 얼마만큼의 효과를 가지고 있을까요? 2016 지구촌 불 끄기를 통해 한국에서는 공공건물에서만 692만 7,000KH의 전력과 3,131톤의 온실가스를 감축했다고 합니다. 3,131톤의 온실가스 절약은 약 112만 7,000그루의 어린 소나무를 심는 효과와 비슷하답니다.

사실 지구촌 불 끄기 캠페인으로 얻는 경제적·환경적 효과만큼이나 의미 있는 것은 한 시간 동안의 불편함을 통해 전 세계 사람들이 기후 위기

tip

한 사람 한 사람이 모이면 기후 위기 막을 수 있어요

"쓰레기 배출을 '0(제로)'에 가깝게 최소화하자!"

일상생활에서 쓰레기 발생을 줄인 사례를 공유하는 캠페인인 '제로 웨이스트'의 문구입니다. SNS에 '#제로 웨이스트챌린지', '#Zerowastechallenge' 같은 해시태그를 검색해 보세요. 전 세계 사람들이 자신만의 쓰레기 줄이는 방법을 담은 일상을 공유하고 있을 것입니다.

더 나은 사회를 위해 우리도 함께 제로 웨이스트를 실천해 보는 것은 어떨까요? 내가 실행할 수 있는 일들로 목표를 세워 일주일 동안 실천해 봅시다.

 # 제로 웨이스트, 나만의 쓰레기 줄이는 방법은?

〈예시〉
- 휴지 대신 손수건 사용하기
- 일회용 컵 대신 텀블러 사용하기
- 음식을 배달시킬 때 일회용 젓가락 받지 않기
- 재활용 시에는 라벨을 꼭 제거하고 배출하기

요일	월요일	화요일	수요일	목요일	금요일	토요일	일요일
실행 여부							

에 관심을 갖게 된다는 것입니다. 짧지 않은 시간 동안 불을 끄고 생활하는 것이 쉽지만은 않겠지요. 하지만 백문이 불여일견(百聞不如一見)이라는 말처럼 기후 위기를 머릿속으로만 그려 보는 것보다 실제로 기후 위기의 심각성을 깨닫고 극복하기 위해 한 걸음 더 나아가는 것이 필요합니다. 8,760시간 중 지구를 위한 단 한 시간의 투자가 우리의 수천, 수만 시간을 보호하는 계기가 될지도 모르니까요.

우리 같이 해요

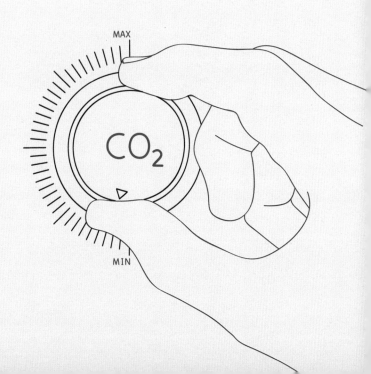

1. CES를 주목하라, 지구의 미래가 보인다!

　매년 1월 초가 되면 세계의 이목이 집중하는 국제 행사가 열립니다. 바로 미국 라스베이거스에서 열리는 CES(Consumer Electronics Show, 국제소비자 전자제품 박람회)입니다. 왜 사회 여러 분야에서 전자제품 관련 박람회에 관심을 기울이는 걸까요? CES는 단순한 전시회의 성격을 넘어서 기업들의 기술 혁신 수준 및 미래 산업의 방향을 예측할 수 있는 장이라고 평가됩니다. CES에서 새롭게 선보이는 제품들의 동향을 분석하면 미래 사회에 대한 전망이 가능하고, 그에 따라 세계가 겪고 있는 현재 지구촌의 공통적인 문제를 진단할 수 있으며, 더불어 대응 기후 위기 문제에 대한 대응 전략까지 수립할 수 있답니다.

　우리가 주목해야 할 점은 최근 들어 '기후 위기 해결과 지속 가능한 지구를 위한 기술'을 키워드로 한 제품이 많이 선보이고 있다는 점입니다. 2020년 이후 CES에서 에너지 효율을 획기적으로 높이고 자원의 소비를 줄일 수 있는 4차 산업혁명의 기술이 적용된 제품들이 선보이기 시작했습니다. 특히 2022년에는 바이오, 헬스, ESG, 메타버스와 같이 최근 급부상하는 트렌드가 반영된 전자제품들이 다수 등장했습니다. 그중 전체 CES 혁신상 623개 중 139개인 22.3%를 한국 기술 및 제품이 수상했는데 그중에서도 지속가능성 분야는 전체 분야 중 30.3%를 차지하는 10개 분야에서 수상했습니다. 드디어 일반 소비자의 삶 속에, 전자제품 기술 속에 기후 위기 해결을 위한 해법이 담기기 시작한 것이지요. 과거의 가전제품이 '인간의 삶을 편하게 해 주는 제품'이었다면 앞으로의 가전제품은 '지속 가능한 미래를 위한 실천을 돕는 제품'인 것입니다. 이처럼 글로벌 시장 트렌드가 변하고 있는 것은 기후 위기 시대를 살고 있는 현대인들에게 시사하는 바가 큽니다.

이러한 측면에서 삼성전자 한종희 부회장의 CES 2022 기조연설이 큰 화제가 되었습니다. 전 세계가 기후 위기 및 코로나19라는 사상 초유의 팬데믹을 겪고 있기 때문에 미래 사회에 대한 걱정과 궁금증이 증폭될 수밖에 없었지요. 한 부회장은 'Together for tomorrow(미래를 위한 동행)'라는 주제로 미래 비전을 선포하며 '공존'과 '지속 가능한 미래'를 현대 사회의 기술이 지향해야 할 궁극적인 목표 지향점이라고 언급했습니다.

CES를 주관한 게리 샤피로 대표 역시 "2020년부터 인류의 삶의 방식은 큰 변화를 겪고 있다. 기술은 인류의 문제를 해결해 주며 서로를 연결하는 것"이라고 언급했습니다. 이를 두고 전문가들은 CES의 경향성이 과거에는 "편리한 삶을 개선하기 위한 기술 전시회"였다면 점차 "인류의 공존과 기후 위기 극복에 대한 고민과 방향을 제시하는 고민의 장"으로 바뀌고 있다고 평가했습니다.

기술은 인류와 지구를 위해 존재해야 하며, 우리는 지속 가능한 지구를 만드는 데 기여하기 위해 다각적인 제품 혁신에 대한 노력을 기울일 것이다. 각자 자신의 자리에서 기후 변화를 최소화하는 데 동참해 줄 것을 바란다. 작은 변화가 지속 가능한 미래를 위한 큰 차이를 만들 수 있다.

– CES 2022, 삼성전자의 기조연설 중에서

ESG 경영을 실천하고 있는 주요 기업 경영인의 기조연설 핵심 주제가 '친환경 경영'이었다는 점, 파타고니아의 빈센트 스탠리(Vincent Stanley) 철학 담당 임원이 기업 활동에도 환경 보호의 중요성이 적용되어야 한다고 강조한 점들을 종합했을 때, 최근 사회의 변화들이 현재의 기후 위기에 시사하는 메시지는 무엇일까요? 바로 인류의 발전을 위한 과제가 더 이상 '과학 기술의 진보'에만 국한될 것이 아니라 '환경 생태계의 보존', '환경과 인간 삶의 공존'을 향해 발전해야 한다는 것을 의미한다고 정리해 볼 수 있겠습니다.

2. ESG경영으로 지구의 미래를 고민하라!

2022 CES의 주요 또 다른 쟁점 중 한 가지는 각 기업의 ESG 경영이 화두에 올랐다는 것입니다. 코로나로 전 세계가 몸살을 앓고 있는 지금, 현재의 주기화된 팬데믹은 환경 시스템의 붕괴와 연결 고리가 맞닿아 있다는 인식이 확산되었습니다. 장기화된 코로나 사태로 전 지구인들은 평범한 일상을 위협받기 시작했고 지구의 미래를 더욱 적극적으로 걱정하게 되었습니다. 그 연장선상에서 소비자들은 본격적으로 '친환경' 소비를 추구하기 시작했으며, 기후 위기와 환경을 위한 실천적 행동들이 그 어느 때보다 적극적으로 실행에 옮겨지고 있습니다. 이러한 소비자들의 요구 및 사회적 환경 변화에 맞추어 기업 경영 방식도 ESG 경영으로 진보하고 있습니다.

ESG는 '기업의 비재무적 요소인 환경(Enviroment), 사회(Social), 지배구조(Governance)'의 머리글자를 딴 개념으로 '지속 가능한 발전을 위한 기

▲ ESG의 의미와 분석

업과 투자자의 사회적 책임을 반영한 경영 방식'을 의미합니다. 기업 활동 과정에 친환경, 책임 경영, 지배구조 개선 등의 방식으로 기업을 경영해야 지속 가능한 발전을 할 수 있다는 경영 철학을 담고 있답니다.

이는 투자 의사 결정에도 반영되어 기업의 성패를 가르는 지표가 될 것으로 예측됩니다. 즉 과거에는 기업의 재무적 성과만을 판단하여 투자 여부를 고려했다면, 앞으로는 장기적 관점에서 기업의 가치 및 지속가능성에 영향을 주는 영역인 ESG 등과 같은 비재무적 요소까지를 반영하여 투자 과정의 평가에 반영하는 추세입니다. 실질적으로 2021년 금융위원회의 결정에 따르면 우리나라도 2025년부터 코스피 시장 자산 총액 2조 원이상의 유가증권시장 상장 기업에 ESG 공시 의무화를 도입할 예정이며, 2030년부터는 모든 코스피 상장 기업에 ESG 경영을 확대 적용할 계획이라고 합니다.

해외 다국적 기업 역시 혁신 기술력을 바탕으로 환경 분야에서 ESG 경영을 실천하고 있습니다. 정보통신 기술과 석유 화학 분야의 주요 해외 유

명 기업들은 탄소 저감 계획을 구체적으로 수립하여 그 실현을 위한 중·
장기 계획을 실천하고 있답니다. 이는 앞으로 비재무적 사회적 책임 경영
방식이 기업의 가치를 평가하는 주요 지표로 활용될 것임을 예측할 수 있
는 대목입니다.

　이처럼 기후 변화에 대응하는 기업의 움직임들은 기업의 경제적 성장
과정에 어떠한 영향을 미칠까요? 앞으로 국내외 시장 질서가 기후 변화
등 사회 문제에 대한 적극적인 사회적 책임을 기업 활동에 부과하여 투자
자들의 장기적 수익을 도모하는 한편, 기업 경영 방식 자체가 사회에 이익
이 되는 구조로 변환될 것입니다. 즉 지속 가능한 발전을 추구하는 전 세
계적인 움직임이 기업 경영 방식에도 반영된 것이라고 분석됩니다.

기업명	사업 분야	감축 목표	주요 탄소 저감 계획
마이크로소프트	IT	2050년까지 탄소중립 달성	10억 달러 규모의 '기후혁신기금' 조성
구글	IT	2030년까지 탄소중립 달성	재생에너지 개발 프로젝트에 70억 달러 투자
애플	전자기기	2030년까지 탄소중립 달성	100% 재생에너지 도입
브리티시패트롤리엄	석유화학	2050년까지 탄소중립 달성	재식림 사업과 탄소 포집 및 저장 기술 기반의 탄소 저감 및 재생에너지 투자계획
쉘(Shell)	석유화학	2050년까지 탄소중립 달성	2019~2021년까지 3년간 총 30억 달러 투자계획
토탈	석유화학	2050년까지 탄소중립 달성	재생에너지 비중 확대를 통한 탄소 저감

▲ 주요 해외기업 탄소중립 선언 현황
출처: 연경흠, 2020, 「한국기업들의 탈탄소 전환 도전과 과제」, Deloitte Insights, p.75.

3. 친환경 기후 대응 기술에 주목하라!

　최근 코로나 팬데믹을 경험하며, 환경 문제에 대응하는 기술 개발에 대한 전 세계의 관심도 높아졌습니다. ESG가 반영된 다양한 기술들이 어떻게 기후 문제 해결사 역할을 할 수 있을 것인지, 다양한 기후에 대응하는 혁신 기술 사례들을 살펴보겠습니다.

✔ 탄소 감축을 위한 전기차 기술

　SK는 '플러그 파워(Plug Power)'라는 수소 연료 전지 파워팩, 350KW급 초고속 전기차 충전기(Ultra Fast EV Charger), 고성능 차세대 배터리, 전기차용 윤활유 등을 선보였습니다. 전기차의 주행거리를 상승시킬 수 있는 배터리 기술에서 니켈의 비중이 90%에 달하는 배터리를 개발하여 성능을 최고치로 끌어올렸다는 것이 업계의 평가입니다. 이 배터리는 기존의 내연기관 대비 약 62%, 2030년 기준 420만 톤의 탄소 저감 효과를 가져올 것으로 예측된다고 합니다. 그 외에도 태양광과 풍력 등 재생에너지 활용 기술, 이산화탄소를 포집·저장·활용하는 기술(CCS), 친환경 생분해성 제품 포장 기술, 폐기물 에너지화 기술 등을 개발하고 있습니다.

✔ 리모컨 건전지는 그만! 태양광으로 충전되는 '솔라셀 리모컨'

기존의 리모컨은 건전지를 사용하고 있습니다. 국내 기업 삼성전자는 건전지의 소모량을 감축시킬 수 있는 '솔라셀 리모컨'을 선보였습니다. 태양광 및 실내조명으로 충전하여 배터리가 필요 없는 리모컨입니다. 기존 제품 대비 소비 전력을 80% 이상 감축시킬 수 있습니다. 연간 건전지 약 2억 개 이상을 절약할 수 있는 기술입니다.

✔ 재생에너지의 역사를 새로 쓰는 바닷속 배터리

네덜란드 '오션 그레이저(Ocean Grazer)'의 오션 배터리는 바다 내부에 에너지를 저장하는 것입니다. 기상 상태에 따라 발전량이 달라지는, 불안정한 재생에너지의 단점을 보완합니다. 특히 유해 물질이 발전 과정에 사용되지 않기 때문에 CES 2022 지속가능성 부문에서 최고 혁신상을 수상하기도 했답니다.

✔수소-전기-열이 한 번에! 1석 3조의 효과를 누리는 수소연료전지

두산 퓨어셀은 트라이젠이라는 연료 전지를 활용한 시스템을 선보였습니다. 이는 수소, 전기, 열을 동시에 생산하는 시스템으로 이 시스템에서 생산된 수소는 두산모빌리티이노베이션(DMI) 드론, 열은 스마트팜, 전기

는 전동식 로더 T7X에 전달되어 내연기관 및 유압시스템 없이 에너지 효율을 극대화합니다.

✔ 한 방울의 물도 허용할 수 없다! 스마트 스프링클러로 물 부족 문제 해결

캐나다 오토(OtO)에서 개발한 스마트 스프링클러 '오토론'은 잔디밭 또는 정원의 모양을 인식합니다. 기존의 스프링클러는 물이 흩뿌려지는 과정에서 낭비되는 물이 많았다면, 오토론은 정원의 모양을 인식하여 정확하게 물을 주기 때문에 물 낭비의 가능성이 최소화되는 기술입니다. 스마트홈 분야 최고 혁신상을 받기도 한 오토론은 태양을 에너지원으로 쓰며, 스마트폰 애플리케이션으로 손쉽게 구동할 수 있습니다. 이외에 미국의 존디어라는 기업에서 선보인 '시앤드스프레이(See&Spray)' 역시 잡초에만 농약을 뿌리는 기술을 적용했습니다. 정원이 많은 북미 지역에 필요한 기술입니다.

✔ 태양광 지붕이 이렇게 쉽게 가능하다니!

미국 GAF에너지라는 기업은 '팀버라인 솔라(Timberline Solar)'라는 태양광 지붕을 선보였습니다. 이 제품은 일반 지붕 타일을 설치하는 것처럼 쉽게 설치가 가능하다는 것이 큰 장점입니다. 과거의 태양광 패널 설치에는 전문 인력과 특수 장비들이 필요했지만 팀버라인 솔라는 설치에 별도의 장비들이 필요하지 않습니다. 테슬라에서 개발한 솔라 루프(Solar Roof)보다 비용이 저렴하다는 점과 더불어 그 기술력을 인증받아 CES 2022 스마트시티 부문 최고 혁신상을 수상한 기술입니다.

✔ 샤워한 물도 다시 보자! 최대 80%의 물 절약을 돕는 물 순환 샤워기

캐나다의 레인스틱(Rain Stick)은 샤워에 사용한 물을 재활용할 수 있는 샤워기를 개발했습니다. 샤워에 사용한 물을 모아서 정수한 뒤 다시 퍼 올려서 활용하는 물순환 장치인 것이죠. 이 방법으로 물을 최대 80%까지 절약할 수 있고 유량을 2배가량 증가시키는 효과가 있어 5년 이내에 설치 자금을 절약된 만큼의 비용으로 회수할 수 있다고 합니다. 똑똑한 물 절약 기술력을 인정받아 CES 2022에서 스마트홈 분야에서 최고 혁신상을 수상했습니다.

✔ 빨래도 기술적으로! 미세플라스틱을 차단하는 기술

프랑스는 2025년부터 미세플라스틱 필터 장착을 의무화시켰고 그에 따라 영국, 호주, 미국 캘리포니아주 등지에서도 관련 법안 및 규정 마련이 준비되고 있습니다. 이미 유럽에서는 관련 제품들이 출시되고 있답니다. 독일에서는 세계 최초로 세탁 과정에서 발생하는 합성섬유 미세플라스틱을 90%까지 걸러 주는 필터 장착 세탁기가 출시되었습니다. 독일의 그룬딕(Grundig)은 재활용 플라스틱으로 만든 필터를 출시하였고, 영국의 매터(Matter)는 걸프(Gulp)라는 세탁 필터를 개발했습니다. 우리나라의 삼성전자 역시 미세플라스틱 필터 정수기를 개발하고 있습니다.

4. 나의 미래, 기후 위기에 대응하라!

탄소중립 정책은 향후 미래 사회의 산업구조 전환, 글로벌 경쟁력 확보 및 유지 측면에서 매우 중요한 범지구적 목표가 될 것입니다. 기후 변화 및 탄소중립 대응 정책에 대한 지속적·혁신적인 성장이 뒷받침되는 사회가 되기 위해서는 우수한 전문 인력이 확보되어야 합니다. 탄소중립이라는 전 지구적 목표가 코앞까지 다가온 현재, 탈탄소 및 저탄소 기술 연구 인력에 대한 수요 역시 급격히 증가하고 있기 때문입니다. 따라서 수년간은 기후 위기 관련 전문 인력 분야의 수요와 공급의 불일치가 예상됩니다. 이러한 측면에서 기후 변화 위기와 관련한 전문 소양을 갖춘다면 글로벌 경쟁력을 지닌 인재로 성장할 수 있을 것입니다. 국제적·사회적 환경 변화에 신속하게 대응할 수 있는 진로 탐색 과정이 어느 때보다 시급한 시기인 것이죠. 자신의 경험과 지식으로 지구환경의 변화를 이끄는 일, 매우 근사하지 않나요? 기후 위기 시대를 이끌어 갈 다양한 직업군을 소개합니다.

❖ 환경 심리학자

환경과 사람 사이의 관계를 연구하며, 환경의 변화 및 도시 설계 과정에서의 사람의 심리 변화를 예측하고, 공공장소 및 건축환경의 계획 단계에 심리적 측면의 연구 분석 결과를 반영하는 직업입니다. 따라서 건축가, 도시 계획가와 협력하기도 합니다. 도시 계획, 건축 설계, 심리학, 환경공학 등의 전문 지식이 필요합니다.

❖ 에너지 공학기술자

석유 및 가스, 광산 등 에너지사업 과정의 조건을 분석 및 연구하는 역할을 합니다. 관련 시스템 및 장비를 설계하기도 하며, 석유 및 가스 보유량과 생산 잠재성을 분석하기도 합니다. 지구시스템공학, 에너지자원공학과 분야의 전문 지식이 필요합니다. 수질 및 토양 관련 기업, 정유회사, 연구 기관, 대학 연구소, 산업체 등에 채용됩니다. 그 밖에도 건설사, 철강회사 미 정유회사, 한국 지질 자원 연구원, 한국 에너지기술 연구원 등으로 진출하기도 합니다.

❖ 폐기물 처리 기술자

순환자원은 기후 위기와 관련지어 많이 언급되는 단어입니다. 폐기물을 재활용하여 폐기물 발생을 억제할 뿐만 아니라 다시 사용하는 자원을 순환자원이라고 하지요. 폐기물 처리 기술자는 폐기물 처리 등 공해방지 시설을 연구하고 관련 분야를 확장 개발하는 업무를 합니다. 폐기물의 견본을 수집하여 폐기물에 의한 오염 원인을 연구하기도 하고, 오염 물질을 분석하며 대처 방안을 연구합니다. 환경공학, 화학공학, 기계공학, 화학, 환경 관련 분야의 전공 지식이 필요합니다.

❖ 온실가스 인증 심사원

온실가스 배출 감축과 관련된 사업을 인증하는 일 또는 청정 개발 체제(CDM) 사업을 인증하는 직업입니다. 탄소 의무 감축국에 대한 사업 계획 타당성을 평가하기도 하고, 기업이나 국가에서 배출량을 줄이기 위한 과정에서의 통계 수치를 인증하는 역할 등을 합니다. 전기, 환경, 화공, 에너지 분야의 전공 지식이 필요합니다. 능통한 영어 실력도 요구되지요. 탄소 배출권 거래가 활성화될 경우, 향후 일자리 수요가 증가할 것으로 전망됩니다.

❖ 그린빌딩 인증 평가 전문가

영국에서 시행되고 있는 그린빌딩 인증 해제 인증 과정에서 건축주 등이 제시하는 서류를 검토한 후 인증 기준에 부합하는지를 평가하는 직업입니다.

❖ 스마트 그리드 엔지니어

전력이 소비자에게 전달되는 과정 전반에서 기술, 설비, 장비, 솔루션 등의 인프라를 연구하고 개발하는 직업입니다. 기기들의 고장 유형을 예측하여 사고를 예방하고, 데이터를 기반으로 전력 수급 상황을 살펴 상황별로 요금을 차등 부과하는 등 전력 낭비를 방지합니다.

❖ 대체연료 자동차 정비원

CNG, LPG 등 대체연료를 이용한 자동차를 정비하는 직업입니다. 연료전지, 태양에너지, 프로판가스 등 친환경 연료와 연료 시스템 전반을 연구하며 자동차 부속품에 대한 전문 지식으로 자동차를 정비합니다.

❖ 기후 변화 전문가

온실가스 배출량 산정 및 온실가스 감축 방안을 분석하는 직업입니다. 기후 관련 정보를 분석하여 기후 변화를 예측하고 변화의 원인을 분석하는 역할을 합니다. 각 지자체 단위로 온실가스 배출을 감축하기 위한 정책을 마련하고 기후 변화 적응 정책 등을 입안합니다. 환경공학과, 기후학과, 대기학과 분야의 전문 지식이 요구됩니다. 관련 자격증으로는 기상예보기술사, 기상기사, 기사감정기사, 온실가스관리기사 등이 있습니다.

인문, 사회, 심리학	환경 심리학자, 기후 변화 취약 계층 대상 전문 심리 상담사
법학	탄소 배출권 거래 법률 중개인, 탄소 감축 분쟁 법률 전문가, 그린빌딩 인증 평가 전문가
경영, 경제	지속가능경영 컨설턴트
공학	기후 변화 전문가, 스마트 그리드 엔지니어, 대체연료 자동차 정비원, 온실가스인증심사원, 에너지공학기술자
환경, 기타	기후 변화 전문가, 폐기물 기술 처리 기술자, 온실가스 인증 심사원

<table>
<tr><td>Step
1</td><td>세계 기후 문제 대응 프로젝트
– 우리 손으로 지구를 지켜요 –</td></tr>
</table>

_____ 학년 _____ 반 _____ 번 이름_____

지속가능발전목표(SDGs)를 위한 '청소년 기후협약'을 만들어 볼까요?

최근 기후 변화로 인간의 생활 및 지구의 생태계가 위협받고 있습니다. 이에 따라 국제사회는 기후 변화에 적극적으로 대처하고 있습니다. 국제연합기후변화협약(1992)을 시작으로 파리기후변화협약(1995) 및 최근의 유엔기후변화협약 COP26(2021)에 이르기까지 국제사회는 다양한 협약과 논의를 통해 기후 변화의 새로운 해결책을 찾고 있습니다.

지속가능발전을 위해 실현 가능한 생활 속의 탄소중립 실천기후협약을 만들어 보는 것은 어떨까요? 앞으로 우리가 살아가야 할 지구를 위한 작은 실천의 시작이 될 것입니다. 자신이 가진 역량과 지구에 관심을 가지고 기후 문제를 해결하는 일, 근사하지 않나요?

"정부는 국가전략을 효율적·체계적으로 이행하기 위하여 5년마다
저탄소 녹색성장 국가전략 5개년 계획을 수립할 수 있다."
–저탄소 녹색성장 기본법 시행령 제4조–

"모든 국민은 건강하고 쾌적한 환경에서 생활할 권리를 가지며,
국가와 국민은 환경보전을 위하여 노력하여야 한다."
–헌법 제35조, 환경권–

함께 읽어 봐요

☺ 탄소배출권, 어디까지 알고 있니?

탄소배출권이란 지구온난화를 유발하거나 가중하는 온실가스를 배출할 수 있는 권리를 의미합니다. 즉 지구온난화의 주범인 이산화탄소(CO_2), 메탄($CH4$), 아산화질소(N_2O), 수소불화탄소($HFCs$), 과불화탄소($PFCs$), 육불화황($SF6$)를 배출할 수 있는 권리를 말하지요. 지구온난화를 일으키는 여러 물질 중 이산화탄소의 비중이 가장 높기 때문에 대표적으로 이산화탄소 배출을 규제하는 것입니다.

지구온난화로 인한 기후 문제가 심각해지자, 국제 각국이 모여 유엔기후변화협약을 통해 탄소배출권 거래제도를 시행하자는 결론이 도출되었습니다. 이 제도에 따라 이산화탄소 배출량 감축에 성공한 나라는 줄인 양만큼의 탄소배출권을 사고팔 수 있게 되었습니다. 반면 이산화탄소 배출량 감축에 도달하지 못한 각국 또는 기업은 탄소배출권을 구매해야 합니다. 원활한 기업 경영 및 생산량 증대를 위해서는 에너지 절감 기술을 개발하는 등 탄소 배출량 자체를 줄이거나 여유분의 배출권을 소유하고 있는 기업으로부터 그 권리를 구매해야 하는 것이지요.

탄소배출권은 유엔기후변화협약에서 발급합니다. 우리나라의 경우 2015년부터 탄소배출권 거래제를 시행하고 있습니다.

☺ 유엔기후변화협약이란?

(1992년 6월 서명 시작/1994년 3월 21일 최종 발효)

유엔기후변화협약(UNFCC: UN Framework Convention on Climate Change)이란 세계 각국에서 지구온난화를 방지하기 위해 온실가스 방출을 제한하고자 체결한 협

1972	1992	1997	2011	2015
스톡홀름선언	기후변화협약 온실가스 농도의 안정화	교토의정서 2005년 발효	더반 합의 2015년까지 신기후조약 채택할 것을 합의	파리협정 채택 2016년 11월 4일 발효

1992	1994	2009	2012
리우선언	기후변화협약 발효 COP1(1995)	코펜하겐 신조약 채택 실패	교토의정서 2차 의무감축기간 설정 일본·뉴질랜드·러시아 불참, 캐나다의 탈퇴

약을 의미합니다. 이 협약이 채택된 브라질 리우의 지명(地名)을 따 리우환경협약이라고도 불렀습니다. 기후변화협약은 법적 구속력 또는 강제성이 없기 때문에 협약 이후 체결된 '교토의정서(시행령)'가 더 많이 사용되고 있습니다.

☺ 교토의정서란?

(1997년 12월 채택/2005년 2월 발효)

온실가스 배출량 감축을 위해 맺은 의정서로 기후 변화협약 제3차 당사국 총회를 통해 채택되었습니다. 기후변화협약의 구체적인 이행 방안이 담겨 있으며, 선진국의 온실가스 감축 목표치가 규정되었습니다. 교토의정서 이전에는 개발도상국 간 선진국 간의 의견 차이로 갈등이 발생하기도 했습니다. 유엔기후변화협약과 다르게 강제적으로 배출량을 제한하고 있다는 것이 가장 큰 특징입니다.

☺ 파리기후협약이란?

(2016년 11월 4일 발효)

2015년 파리에서 열린 21차 유엔기후변화협약 당사국 총회 본회의에서 195개 당사국이 채택한 협정입니다. 모든 국가가 처음으로 기후 변화에 대응하기 위해 당사국으로 참여했다는 점이 주목할 만합니다. 모든 당사국이 자발적 감축 기여분을 선정한 후, 선진국이 개발도상국에게 지원하는 방법으로 기후 변화 대응 마련에 함께 공조하기로 했답니다. 파리기후협약의 핵심 목표는 지구의 기온 상승 폭을 산업혁명 이전 수준 대비 1.5℃ 이하로 제한하는 것이랍니다.

✔ 파리기후협약의 주요 내용
1) 2100년까지 지구 온도가 2015년 기준 +1.15℃를 초과하지 않을 것을 목표로 한다. (2020년 기준으로 산업화 이후 1.2℃ 상승한 상황)
2) 절대 감축량을 통한 목표 제시 국가
  - 특정 연도의 온실가스 배출량을 기준으로 삼아 일정 시기까지 일정한 양을 감축하겠다는 방식
  - 선진국이 이 방식을 주로 사용
    * 노르웨이: 유럽연합과 비슷한 기준을 따를 예정

* 영국: 2030년까지 탄소 배출량 68% 감축 목표 제시
* 러시아: 2030년까지 1990년 대비 25~30% 감축
* 스위스: 1990년 대비 온실가스 50% 감축, 당사국 중 가장 먼저 INDC를 제출
* 유럽연합: 2030년까지 최소 40% 감축
* 대한민국: 2030년까지 2017년 대비 온실가스 24.4% 감축

3) BAU (BAU, Business As Usual)를 대비한 목표 제시 국가
- 온실가스를 줄이기 위한 아무런 노력도 하지 않았을 경우 배출할 것으로 예상되는 온실가스의 양을 가정하고, 이를 일정 비율 줄이는 방식
- 개발도상국에서 이 방식을 주로 사용
  * 멕시코: 무조건부 목표로 2030년까지 BAU 대비 25% 감축, 국제 탄소 가격의 보장, 기술협력, 금융지원 등의 조치가 따를 경우 BAU 대비 40%까지 감축 가능

☺ 청소년이 도전해 볼 수 있는 기후 행동

• 기후 문제 발견, 행동 수칙 제안 및 실천(분리수거 배출 참여, 미사용 플러그 차단, 청소년 주도 기후 캠페인 참여, 의식 개선 콘텐츠 제작 및 홍보, 텀블러 사용, 플로깅 참여 등)
• 진로 연계 전문 지식 확장하기(관련 도서 탐독, 또래 친구들과의 심층 토론)
• 관련 법률 또는 정책 분석 후 의견 제시하기

☺ 청소년 기후협약 제정 시 주의할 점

1. 청소년 수준에서 가능한 '구체적 실천 행동'일 것
2. 협약의 내용(나의 주장)과 실천 행동 수칙(근거)의 논지가 일치할 것
3. 기존의 관련 자료를 충분히 참고하되, 자신만의 창의적인 아이디어를 도출할 것
4. 가능한 관심 분야 또는 진로 희망 계열/분야와 연계된 심화 아이디어를 도출할 것

☺ 타이포그라피 예시 작품

※ 콘텐츠 작성 시 필수 포함 요소
1) 자신이 정한 기후 문제 대응 정책 제안 슬로건 문장을 반드시 포함할 것

2) 디자인에 대한 의도를 작성할 것

예: 각 글자에 자연을 표현함, 환경 오염의 문제를 표현함

3) 활동 소감을 반드시 작성할 것

사진: 수업 활동 진행 후 직접 촬영

_____ 학년 _____ 반 _____ 번 이름_____

❖ **파리기후협약에 대한 선진국의 입장**

1.

2.

3.

☞ 인터넷 등을 활용하여 내용을 조사하세요.

☺ **우리나라의 기후 정책을 조사해 봅시다.**

주요 정책:

1.

2.

3.

❖ **파리기후협약에 대한 선진국의 입장**

1.

2.

3.

☞ 인터넷 등을 활용하여 내용을 조사하세요.

☺ **다른 나라의 기후 정책을 조사해 봅시다.**

해당 국가:

주요 정책

1.

2.

3.

청소년 탄소중립 실천,
기후 정책 및 실천 행동 제안

_____ 학년 _____ 반 _____ 번 이름 _____

1. 기후 변화로 발생하고 있는 문제 중 가장 심각하다고 생각되는 문제를 조사해 봅시다.

    1.

    2.

    3.

    4.

2. 탄소중립 실천, 기후 변화 문제 해결을 위한 자신의 생각을 한 문장으로 축약하여 '나만의 기후 문제 대응 정책 슬로건'을 작성해 봅시다.

3. 실현 가능한 수준의 청소년 기후 문제 대응 정책을 제안해 봅시다.

    예) 플라스틱 사용 감축

    1-1.

    2-1.

    3-1.

    4-1.

4. 왼쪽에서 완성한 청소년 기후 정책에 대한 구체적 실천 행동 수칙을 각각 작성해 봅시다.

    ※ 반드시 왼쪽의 정책과 논지가 일치하도록 작성.
      예) 용기내 프로젝트에 참여하여 포장 음식 구매 시 빈 그릇 가져가서 담아 오기

    1-2.

    2-2.

    3-2.

    4-2.

Step 4	청소년 탄소중립 실천, 기후 행동 컨텐츠(Climate Action Contents) 제작

_____ 학년 _____ 반 _____ 번 이름_____

★ '청소년 기후 문제 대응 정책 제안 슬로건'을 홍보할 수 있는 '기후 행동 홍보 포스터'를 제작해 봅시다.

★ 활동 소감을 작성하세요. 또는 기후 위기 현상에 대한 자신의 생각을 작성하세요.

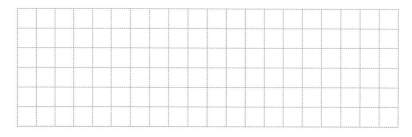

지구환경과 관련된 세계의 기념일을 알아볼까요?

기념일	일자	지정 목적 및 기대 효과
세계 차 없는 날 (Car free day)	매년 9월 22일	- 1년 중 단 하루만이라도 자동차를 타지 말자는 목적에서 지정 - 자가용 이용을 줄여 대기 오염과 교통체증, 소음을 줄이고 보행자의 생활 만족도를 높일 수 있는 효과
세계 일회용 비닐봉지 없는 날 (Plastic bag free day)	매년 7월 3일	- 국제 환경 단체 '가이아'에서 시작 - 일회용 비닐봉지 없는 지구를 위한 캠페인을 위하여 지정 - 1년 중 단 하루만이라도 비닐봉지를 사용하지 말자는 목적에서 지정
세계 거북의 날 (World turtle day)	매년 5월 23일	- 플라스틱 오염의 심각성을 바다거북의 생태환경과 연관 지어 알리기 위하여 지정 - 거북이를 통해 생명 존중 의식 및 생태계 균형에 대한 중요성을 인식시키기 위하여 지정
국제 연안 정화의 날 (International Coastal Cleanup)	매년 9월 셋째 주 토요일 전후	- 1년 중 단 하루만이라도 바닷가나 하천가에 버려진 쓰레기를 수거하자는 목적에서 지정 - 해양환경 보호 및 정화에 대한 인식 개선을 위해 지정 - 해양환경 보전 행사 중 세계에서 가장 큰 규모, 매년 약 100여 개 국가에서 50만 명 이상이 참가
세계 지렁이의 날 (World earthworm day)	매년 10월 21일 (찰스 다윈의 책이 출판된 날)	- 지렁이가 토양을 침식시키는 과정에서 탄소중립 측면의 중요한 역할을 한다는 사실에 착안하여 지정 - 1년 중 단 하루만이라도 지렁이를 위해 땅에 버려진 쓰레기를 줍고 지렁이의 소중함을 생각해 보자는 목적에서 지정
지구의 날 (Earth day)	매년 4월 2일	- 환경 오염 및 생태계 파괴 등에 대한 경각심을 높이기 위하여 지정 - 우리나라에서는 지구의 날을 전후한 일주일을 '기후 변화 주간'으로 정하여 기후 변화의 심각성을 인식하고, 저탄소 생활 실천의 필요성을 알리기 위한 다양한 캠페인 행사 실시
어스 아워 (Earth hour)	매년 3월 마지막 주 토요일	- 세계자연기금의 어스 아워가 환경 오염으로 인한 기후 변화의 위험성을 알리고 지구환경 보호를 목적으로 시작 - 해당일에 한 시간 동안 전등을 소등하여 기후 변화의 의미를 생각해 볼 수 있게 하는 캠페인 실시

기후 위기와 관련된 정보를 더 자세히 알고 싶다면?

- 환경부 국가지속가능포털 http://ncsd.go.kr
  지속가능발전 관련 정보 안내 및 연구 자료 및 최신 자료, 교육 자료, 보도자료, 실천 사례 제공 등을 목적으로 하는 플랫폼

- 한국환경공단 2050 탄소중립포털 https://www.gihoo.or.kr/netzero/main/index.do
  2050 탄소중립 정책의 대국민 인식 향상을 위한 정책 자료 제공 및 소통 지향 플랫폼

- 한국환경공단 기후 변화홍보포털 https://www.gihoo.or.kr/portal/kr/main/index.do
  기후 변화 관련 국내, 외 정책 동향 및 최신 정보를 통해 기후 변화 인식 제고 및 국민의 자발적인 온실가스 감축 활동 참여 유도 플랫폼

- 한국환경공단 https://www.keco.or.kr/kr/main/index.do
  기후 변화 대응을 위한 온실가스 관리, 환경 오염 방지, 환경 개선 및 자원 순환 촉진 관리 정보 제공

- 온실가스종합정보센터 http://www.gir.go.kr/home/main.do
  저탄소 녹색경제를 위한 글로벌 온실가스 종합 싱크탱크 구현이라는 비전하에 국가 온실가스 종합 관리 체계 규축, 온실가스 및 에너지 목표관리제 지원, 배출권 거래제 지원

- 한국 기후환경네트워크 https://www.kcen.kr
  민관 협력을 통한 비산업 부문의 온실가스 감축을 위한 거버넌스 기구로 기후와 환경을 포괄하는 범국민 실천 운동을 주관

참고문헌

공우석, 2018, 『왜 기후 변화가 문제일까?』, 반니.

공우석·김수정 글, 김성규 그림, 2021, 『이제 멈춰야 해! 기후 변화』, 노란돼지.

김덕진, 2013, 『세상을 바꾼 기후』, 다른.

김은숙 글, 이경국 그림, 2019, 『자연의 마지막 경고, 기후 변화』, 미래아이.

남성현, 2020, 『위기의 지국, 물러설 곳 없는 인간』, 21세기북스.

다비드 넬스·크리스티안 제러, 강영옥 역, 2021, 『기후변화 ABC』, 동녘사이언스.

레이첼 카슨, 김은령 역, 2011, 『침묵의 봄』, 에코리브르.

비비아나 마차 글, 엘리사 마첼라리 그림, 이현경 역, 2019, 『열여섯 그레타 기후 위기에 맞
    서다』, 우리학교.

신방실 글, 시미씨 그림, 2021, 『불 때문에 난리, 물 때문에 법석! 기후 위기』, 아르볼.

안동희, 2019, 『도대체 날씨가 왜 이래?』, 아롬주니어.

연경흠, 2020, 『한국기업들의 탈탄소 전환 도전과 과제』, Deloitte Insights, p. 75.

조너선 닐, 김종환 역, 2020, 『기후 위기와 자본주의』, 책갈피.

존 쿡, 홍소정 역, 2021, 『기후 위기, 과학이 말하다』, 청송재.

최원형 글, 김규정 그림, 2020, 『선생님, 기후 위기가 뭐예요?』, 철수와영희.